JÖRN TIETGEN

ST. PAULI & SCHANZENBUCH

KAROLINENVIERTEL, KIEZ, PLANTEN UN BLOMEN, ZWISCHEN SCHANZE & KIEZ, SCHANZENVIERTEL, ST. PAULI – WATERKANT

JUNIUS

4
SCHANZENVIERTEL
5
KAROLINENVIERTEL
2
ZWISCHEN
SCHANZE & KIEZ
1
KIEZ
6
PLANTEN UN BLOMEN
3
ST. PAULI — WATERKANT

INHALT

EINLEITUNG

St. Pauli – der Name ist weit mehr als die Bezeichnung eines Hamburger Stadtteils. Er ist eine Chiffre, die so viele Assoziationen heraufbeschwört, wie der Stadtteil Facetten hat – und deren sind viele! St. Pauli ist auf jeden Fall der berüchtigste Stadtteil der stolzen Hansestadt Hamburg, auf den diese vielleicht nicht immer stolz ist, dessen Flair und Weltgeltung sie aber nicht missen möchte. Denn berühmt ist der Stadtteil, weltberühmt sogar. Wahrscheinlich ist St. Pauli sogar der bekannteste Stadtteil Deutschlands und sein Name wie kein anderer Stadtteilname aufgeladen mit Mythen, Sehnsüchten und Vorurteilen, kleinen Geschichten und großen Legenden. Erwähnt man diesen Namen außerhalb Hamburgs, so gibt es kaum jemanden, dem dazu nicht etwas einfiele: »Oh, the Reeperbahn ..., yes«, »Didn't the Beatles play there?«, »Des is' doch do, wo all die Bordelle san, gell?«, »Ich bin ja eher HSV-Fan«, »Ist da nicht auch die Hafenstraße?«, »Morgens auf den Fischmarkt, super!«.

An solchen Bemerkungen kann man es schon heraushören: St. Paulis Bekanntheit rührt nicht so sehr von berühmten Gebäuden und Plätzen, sondern eher vom Stadtteilleben selbst, das von den meisten Menschen als »anders« und »besonders« wahrgenommen wird. An St. Pauli scheiden sich aber auch die Geister: Ist es für die einen der Ort abendlicher Vergnügungen, der Varieté-Theater, der Clubs für harte Rockmusik, der Etablissements mit leichten Mädchen und des Fußballs eines ewigen Underdog-Vereins, so ist es für die anderen das fleischgewordene Ungeheuerliche, die vielköpfige Hydra unzähliger Übel, der man nicht begegnen möchte und die trotzdem lockt. So war es schon immer und so wird es vermutlich noch eine Weile bleiben – allein schon, um die »Marke St. Pauli« für die Verwertung durch das Stadtmarketing zu konservieren.

Doch – wie könnte es anders sein – St. Pauli ist selbstverständlich mehr als sein Image. Es ist räumlich größer als die Gegend rund um die Reeperbahn und es ist facettenreicher, als es auf den ersten, oberflächlichen Blick erscheint. In diesem Buch soll es deshalb um den ganzen Stadtteil St. Pauli und seine Eigenarten gehen. Dabei fasse ich den räumlichen Rahmen St. Paulis etwas weiter, als dies üblicherweise getan wird. Wie in dieser von Stattreisen Hamburg e.V. und dem Junius Verlag konzipierten Stadtteilbuchreihe üblich, werden die offiziellen Stadtteilgrenzen zugunsten der tatsächlichen stadträumlichen Zusammenhänge überschritten, und es wird immer auch der Blick über die Ränder geworfen.

Der Stadtteil wird im Folgenden durch sechs Rundgänge erschlossen, die räumlich aneinander anschließen oder sich miteinander kombinieren

BLICK VOM TURM DES »MICHELS« AUF ST. PAULI, UM 1860

lassen. Immer am Ende der Touren finden sich einige ausgewählte Tipps für interessante Gastronomien – ein fast unmögliches Unterfangen bei einem Stadtteil, in dem ganze Straßenzüge aus Gastronomie zu bestehen scheinen –, Geschäfte und kulturelle Institutionen in dem jeweils durchquerten Gebiet. Ergänzt werden die Touren durch Exkurse zu den Besonderheiten St. Paulis in Geschichte und Gegenwart. Zudem wird das Buch durch eine Chronik und ein Verzeichnis mit weiterführender Literatur zum Stadtteil vervollständigt.

Der erste Rundgang führt durch den eigentlichen »Kiez« links und rechts der Reeperbahn, also durch jene Gegend des Stadtteils, die in der Regel spontan mit St. Pauli assoziiert wird. Dies gilt auch für den zweiten Rundgang, der das St. Pauli entlang des Elbufers zwischen Landungsbrücken und Fischmarkt vorstellt.

Da es in Hamburg, im Gegensatz zu Berlin, nur einen »Kiez« gibt, verbietet es sich, bei den Strecken der Touren drei bis fünf von Erkundungen der weiteren »Kieze« St. Paulis zu sprechen, auch wenn es sich um Streifzüge durch Gegenden handelt, die ein jeweils eigenständiges Flair und auch eine gewisse räumliche Geschlossenheit aufweisen. Rundgang drei stellt das Bindeglied zwischen den Touren im südlichen St. Pauli (1 und 2) und jenen im nördlichen St. Pauli (4 und 5) dar, erschließt aber vor allem das Wohngebiet zwischen Heiligengeistfeld, Neuem Pferdemarkt, Holstenstraße und Simon-von-Utrecht-Straße; eine Gegend, die sich in ihrer Geschäftsstruktur mit viel Gastronomie und individuellen Läden in den letzten Jahren mehr und mehr zu einer lebendigen Verbindung zwischen dem »klassischen« St. Pauli und den Vierteln im Norden des Stadtteils entwickelt hat.

Rundgang vier führt durch die »Schanze«, also das Schanzenviertel, ein ehemaliges Industrie- und Arbeiterquartier, das seit Jahren einem erheblichen Gentrifizierungsdruck ausgesetzt ist. Hier, wie auch am westlichen Ende von Rundgang eins und drei, berührt sich das Buch mit dem in derselben Reihe erschienenen Altona & Ottensenbuch, gehörte ein Teil des Schanzenviertels doch bis vor wenigen Jahren offiziell zu Altona-Nord und ist der »St. Pauli-Fischmarkt« doch eigentlich auch der Altonaer Fischmarkt.

Die fünfte Tour erschließt das Karolinen-, oder auch kurz: »Karo-Viertel«, ein kleines, dichtes Quartier, das sich zwischen Heiligengeistfeld, Schlachthof und Messegelände quetscht.

Den Abschluss bildet ein sechster Streifzug durch Planten un Blomen, jenen großen Park, der sich fast an die gesamte östliche Flanke St. Paulis anschließt und die größte Naherholungsfläche für die Stadtteilbewohner bietet. Er befindet sich auf dem Gelände der ehemaligen Stadtbefestigung Hamburgs, die aus dem 17. Jahrhundert datiert, womit auch schon klar ist, dass St. Pauli für die längste Zeit seiner Geschichte als Vorstadt vor den Toren Hamburgs lag. Die besondere Stadtteilentwicklung hat das natürlich nachhaltig begünstigt.

CHRONIK

1245	Heilwig, Frau des Schauenburger Grafen Adolf IV., gründet das Zisterzienserinnen-Kloster Herwardeshude am westlichen Rand des heutigen Stadtteils St. Pauli nahe der Elbe.
1295	Die Nonnen verlegen ihr Kloster an die Alster, da der Standort ihnen wegen der Gefahr von Überschwemmungen und Überfällen durch Flusspiraten am Gründungsort zu gefährlich erscheint.
SEIT 1339	Der »Pepermölenbek« bildet die Grenze zwischen dem Hamburger und dem Schauenburger Gebiet.
14.–17. JH.	Die Gegend des heutigen St. Pauli ist kaum besiedelt. Allerdings dient der Hamburger Berg den Hamburgern als wichtige Quelle für Baumaterial. Ton und Sand werden hier gewonnen und Ziegel hergestellt. Der Hamburger Berg reicht damals im Osten bis an die Stadtmauern beim Neuen Wall heran.
UM 1535	Westlich des Hamburger Bergs, gleich jenseits des Grenzbachs Pepermölenbek, entsteht das Dorf Altona.
FRÜHES 17. JH.	Im damals zu Altona gehörenden Gebiet der Großen und Kleinen Freiheit dürfen sich religiöse Minoritäten ansiedeln und ihren Glauben frei ausüben.
1606	Hamburg baut mit dem Pesthof ein Krankenhaus vor den Toren der Stadt ungefähr zwischen der heuti-

gen Annen- und der Wohlwillstraße.

1616–1626 Hamburg baut eine massive Festungsanlage. Die Stadtwälle werden vornehmlich mit Baumaterial vom Hamburger Berg errichtet. Dessen östlicher Teil liegt von nun an innerhalb der Festungslinie, der westliche Teil, der jetzt auch offiziell als »Hamburger Berg« bezeichnet wird, liegt hingegen vor den Toren der Stadt. Aus militärischen Gründen wird dieser jedoch zum großen Teil eingeebnet, damit potenzielle Angreifer die Stadt nicht von einer Anhöhe aus beschießen können. Darüber hinaus bleibt das unmittelbar vor der Festung gelegene Gelände über Jahrhunderte unbebaut, um als freies Schussfeld (»Glacis«) zu dienen.

1626 Bau des neuen, hölzernen Millerntors, da das vorherige Tor im Neuen Wall seine Funktion verloren hatte. Im selben Jahr müssen die Reepschläger ihre Seilproduktionsstätten in die Gegend vor den Toren der Stadt verlegen, weil ihre alten Anlagen beim Eichholz einer Bebauung Platz machen sollen.

1659–1663 Bau eines neuen, jetzt steinernen Millerntors, an dem die heute über dem Rathausportal zu lesende Inschrift »Libertatem quam peperere maiores digne studeat servare posteritas« (»Die Freiheit, die errungen die Alten, möge die Nachwelt würdig erhalten«) angebracht ist

17. JH. Ein erster kleiner Siedlungskern entsteht westlich des Glacis in der Nähe der Grenze zu Altona. Hamburg behält sich das Recht vor, alle Häuser aus Gründen der Verteidigung jederzeit abreißen zu dürfen, was das Wohnen auf dem Hamburger Berg wenig attraktiv macht. Hierher ziehen vor allem Handwerker und Gewerbetreibende, die sich Wohnungen in der eigentlichen Stadt Hamburg nicht leisten können. Außerdem schiebt

	Hamburg unliebsame Gewerbe, die Lärm und Dreck verursachen oder viel Platz brauchen, in die Vorstadt ab.
1680	Der Hamburger Berg zählt ungefähr 2000 Bewohner.
1682	Bau der St. Pauli-Kirche und der Sternschanze als Festungsaußenposten
1686	Der dänische König Christian V. zieht mit einer mehr als 15 000 Mann starken Armee nach Hamburg. Es kommt zu schweren Kämpfen um die Sternschanze und umfangreichen Zerstörungen auf dem Hamburger Berg.
1713	Anlage des Pestfriedhofs im heutigen »Planten un Blomen« nahe der späteren Verbindungsbahn
1718–1723	Bau der St.-Joseph-Kirche in der Großen Freiheit
1732	Die Prostitution verlagert sich in die Vorstädte, nachdem sie in der eigentlichen Stadt verboten wird.
AB 1795	Schausteller präsentieren ihre Künste in der Gegend des heutigen Spielbudenplatzes.
ENDE DES 18. JH.	Anlage weiterer Friedhöfe unmittelbar vor den Hamburger Befestigungsanlagen im Gebiet des heutigen Messegeländes und des nordwestlichen Teils von Planten un Blomen
1808	Lockerung der Torsperre am Millerntor: Gegen Zahlung einer Gebühr wird das Tor auch nach Dunkelheit bei Bedarf geöffnet.
1814	Während der französischen Besetzung Hamburgs wenden die Besatzer die Möglichkeit an, die Vorstadt »Hamburger Berg« dem Erdboden gleichzumachen, um ein freies Schussfeld vor der Hamburger Festung zu erhalten. Am 3. Januar 1814 brennen sie die gesamte Vorstadt ab.
NACH 1814	Nach dem Abzug der Franzosen werden die Wallanlagen bis in die 1830er Jahre endgültig zu einer Parkanlage umgestaltet.

1814–1820	Nach der Befreiung von den Franzosen wird die Vorstadt neu aufgebaut.
1816	Das erste Dampfschiff macht in Hamburg fest. Da man der neuen Technik nicht traut und Feuergefahr für die Stadt befürchtet, sollten Kessel explodieren, dürfen Dampfschiffe nur außerhalb der Stadt (unterhalb des Hamburger Bergs) anlegen. Nicht zuletzt die Matrosen der vor Anker liegenden Schiffe sorgen in den folgenden Jahrzehnten für die weitere Entwicklung der Vorstadt zu einem Kneipen- und Vergnügungsviertel.
1819/20	Die heutige St. Pauli-Kirche wird nach Plänen des Baudirektors Carl Ludwig Wimmel neu errichtet – allerdings noch ohne Turm. Auch ein neues Millerntor, von dem noch heute ein Wachgebäude existiert, wird von Wimmel erbaut.
1821	Gründung des Botanischen Gartens nordwestlich der Wallanlagen nahe dem Dammtor
1833	Die Vorstadt »Hamburger Berg« wird umbenannt in St. Pauli.
1839	Der Anlegeplatz »Beim Jonas«, ein Vorläufer der Landungsbrücken, wird für Dampfschiffe eingerichtet.
1841–1843	Anlage des Israelitischen Krankenhauses an der heutigen Simon-von-Utrecht-Straße
1860/61	Mit der Aufhebung der Torsperre wird St. Pauli ebenso wie weitere Hamburger Gebiete außerhalb der Festungslinie als Wohngebiet attraktiver, da Hamburg nun zu jeder Tages- und Nachtzeit kostenlos betreten oder verlassen werden darf.
1864–1866	Bau der Verbindungsbahn Altona–Hamburg
1880	Der Hamburger Fischmarkt wird direkt neben den Altonaer Fischmarkt verlegt.
1883	Die Reepschläger verlassen ihre Bahnen im Gebiet

der heutigen Seilerstraße, wo im Anschluss neue Wohnbauten entstehen.

1888 Hafentor und Millerntor verlieren endgültig ihre Bedeutung, als Hamburg dem Deutschen Reich angeschlossen wird. Obwohl St. Pauli als Vorstadt zu Hamburg gehörte, wurde es bis dahin quasi als Ausland behandelt.

1888 Das »Concerthaus Flora« am Schulterblatt wird eröffnet.

UM 1890 Anlage des Schlachthofs zwischen Sternschanze und Feldstraße

1893 Das Volksfest »Dom« zieht auf das Heiligengeistfeld um.

1894 St. Pauli wird offizieller Stadtteil Hamburgs, und seine rund 72 000 Bewohner erhalten damit erstmals die volle rechtliche Gleichstellung mit den Hamburgern innerhalb der alten Stadtbefestigung.

1906–1911 Bau der Landungsbrücken und des Elbtunnels

1910 Fertigstellung des Wasserturms an der Sternschanze

1912 Eröffnung der ersten U-Bahn-Strecke in Hamburg. St. Pauli und das heutige Schanzen- und Karolinenviertel sind angebunden.

1935 Zwischen Wallanlagen und heutigem Fernsehturm findet die »Niederdeutsche Gartenschau« namens »Planten un Blomen« statt.

1937/38 Die Nachbarstadt Altona wird per Gesetz zu einem neuen Stadtteil Hamburgs. St. Pauli verliert dadurch seine Grenzlage und erhält das Gebiet rund um die Straße Große Freiheit.

1937–1944 Unter den Nationalsozialisten entsteht die – dann nicht verwirklichte – Idee, weite Teile St. Paulis abzureißen, um einer gigantischen Bebauung des nördlichen Elbufers Platz zu machen.

1944 Durch die Verhaftung der in Hamburg während des

	Zweiten Weltkriegs verbliebenen Chinesen endet die Geschichte der Hamburger »Chinatown« an der Schmuckstraße.
1960	Die Beatles spielen das erste Mal in Hamburg.
1960ER JAHRE	Pläne, ganz St. Pauli-Süd abzureißen und neu zu bebauen. St. Pauli wird außerdem zum Vorreiter in Sachen Freizügigkeit und Sexshows in Deutschland.
1962–1969	Der Star-Club ist der berühmteste Konzertort der Republik.
1963	Der FC St. Pauli zieht ins Millerntorstadion am heutigen Standort.
1981	Besetzung der zum Abriss vorgesehenen Häuser in der Hafenstraße
1989	Das ehemalige »Flora-Theater« wird besetzt und zum autonomen Stadtteilzentrum »Rote Flora«.
2003	Die Bavaria-St. Pauli-Brauerei wird geschlossen. Bis 2008 entsteht das sogenannte Brauquartier.
2008	Das Schanzenviertel wird offiziell zu einem eigenständigen Stadtteil.

KIEZ 1

Millerntor * »Tanzende Türme« * Spielbudenplatz * Seilerstraße * Davidstraße / Herbertstraße * Hans-Albers-Platz * »Silbersack« * Grenzpfosten Nobistor * Große Freiheit

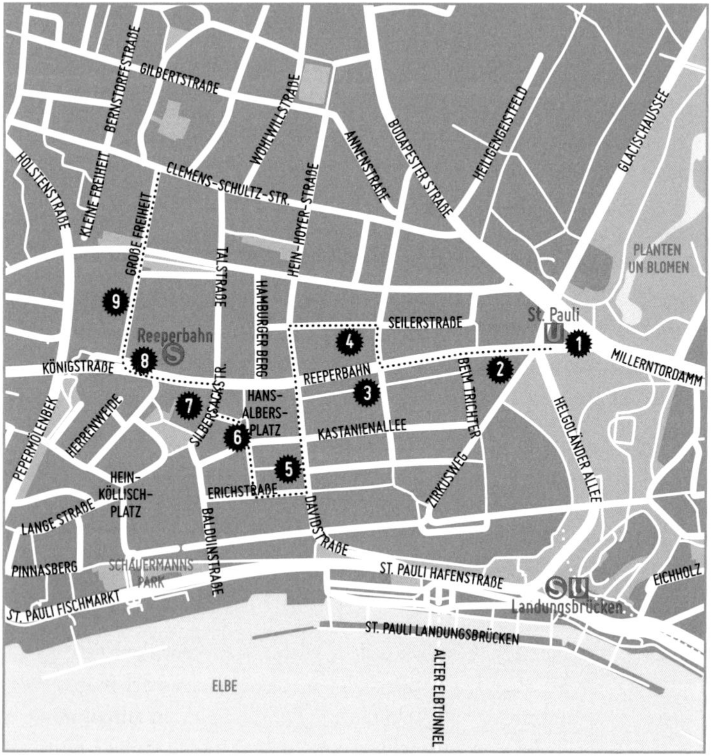

STARTPUNKT: U-Bahn-Station St. Pauli
ENDPUNKT: Große Freiheit (Nähe S-Bahn-Station Reeperbahn)
DAUER: etwa 1,5 Stunden

Es liegt auf der Hand, dass die erste Tour in diesem Buch durch jenen Bereich des Stadtteils führt, den die meisten Menschen sogleich mit ihm assoziieren. Links und rechts der Reeperbahn, zwischen Millerntor und Nobistor, spielt sich, vor allem an den Wochenenden, all das ab, was Partygänger und Touristen sich von einem Kiezbesuch erhoffen – oder wovor sie sich fürchten. Denn – ja – auf St. Pauli findet nach wie vor Prostitution statt, es existieren Clubs und Gaststätten, deren einziges Ziel es ist, ihren Besuchern möglichst viel Geld aus den Brieftaschen und von den Kreditkarten zu ziehen, und bisweilen geht es dabei auch kriminell zu. Doch rund um die Reeperbahn findet sich auch eine erstaunliche Dichte an Kneipen und Restaurants, Musikclubs und Theaterbühnen, Tanzclubs und Show-Bars, die dem St. Pauli-Gast auf seriöse Art unterhaltsame Abende bis tief in die Nacht bieten. All dies ist Thema auf diesem Rundgang durch einen der berühmtesten Stadtteile der Welt, ebenso wie seine wechselhafte Vergangenheit, die so manche skurrile Episode bereithält.

Dass wir uns auf dieser Tour zwischen zwei ehemaligen Stadttoren bewegen, deutet bereits die ganz besondere Lage dieses Viertels an: St. Pauli ist ein räumlich recht kleiner Stadtteil, der sich vor den Toren Hamburgs, nämlich westlich des Millerntors, bis zur Grenze der Nachbarstadt Altona am Nobistor entwickelte.

1 MILLERNTOR

Unser Startpunkt für diesen Rundgang am Millerntorplatz bei der U-Bahn-Station St. Pauli liegt außerhalb des Territoriums der ursprünglichen Stadt Hamburg. Im Mittelalter hatte Hamburg sich allmählich zur Handelsstadt an der Elbe entwickelt. Das Zentrum der Stadt lag über Jahr-

1 MILLERNTOR IN DEN WALLANLAGEN, UM 1800

hunderte im Bereich der heutigen Trostbrücke. Doch erst im 17. Jahrhundert vergrößerte sich die Stadt signifikant, denn mit dem Bau einer neuen Festungsanlage (1616–1626) zur Zeit des Dreißigjährigen Krieges verschob sie ihre Grenzen ins Umland. Das alte Millerntor, dessen Name sich vermutlich nicht vom »Müller« herleitet, sondern eine Ableitung vom »mittleren« Tor ist, hatte sich bis dahin beim Herrengrabenfleet befunden und war auch als »Düsterntor« bekannt, weil man hier durch ein recht langes und dunkles Torgewölbe gehen musste, um die Grenze der Stadt zu passieren. Weder von diesem Tor noch vom Tor in den Stadtwällen des 17. Jahrhunderts ist heute noch etwas zu sehen (Abb. 1). Nachdem die Stadtwälle im frühen 19. Jahrhundert zur Verteidigung der Stadt bedeutungslos und deshalb abgetragen wurden (vgl. Rundgang 6), wurde 1819 vom Baudirektor Carl Ludwig Wimmel (1786–1845) ein neues Millerntor entworfen, von dem jenseits der großen Straße in Richtung Innenstadt am Rande des Parks Planten un Blomen noch ein kleines Torhäuschen erhalten ist (Abb. 2+3). Denn obwohl die städtischen Befestigungsanlagen ihre ursprüngliche Bedeutung verloren hatten, blieben die Stadttore noch bis 1860 in Betrieb. Wurden die Tore bis 1798 mit Sonnenuntergang rigoros verschlossen, so konnte man die Stadt danach auch nach Einbruch der Dunkelheit noch einige Stunden verlassen und betreten – allerdings nur gegen Zahlung einer Sperrgebühr (Abb. 4). Am Millerntor war dies ab 1808 möglich. Zur Zeit der Einführung der Torsperre war St. Pauli bereits eine Vorstadt mit wenigen Tausend Einwohnern und bereits damals ein Ort, an dem zahlreiche Vergnügungen geboten wurden (vgl. Station Spielbudenplatz). Bis zur Abschaffung der Torsperre zum Jahreswechsel 1860/61 blieb diese jedoch ein echtes Hindernis für die weitere Entwicklung der Vorstadt, denn bis 1894 gehörte St. Pauli zwar zu Hamburg, war jedoch kein offizieller Stadtteil, und seine Bewohner besaßen nicht die gleichen Rechte wie jene der eigentlichen Stadt. Begonnen hatte die Geschichte der Vorstadt »Hamburger Berg«, denn so lautete ihr Name bis 1833, allerdings schon viel früher.

Die älteste Besiedlung in diesem Gebiet ist für die Mitte des 13. Jahrhunderts überliefert, als hier ein Zisterzienserinnen-Kloster mit dem

2+3 MILLERNTOR IM 19. JAHRHUNDERT UND MILLERNTORWACHE HEUTE

Hamburgische Thor- und Baumsperre-Tabelle.

	Morgens auf.	Abends zu.		Morgens auf.	Abends zu.
Vom 1 bis 15 Januar	7 Uhr	4½ Uhr	Vom 1 bis 15 Juli	4½ Uhr	9½ Uhr
„ 16 „ 31 „	6½ „	5 „	„ 16 „ 31 „	4½ „	9 „
„ 1 „ 15 Februar	6½ „	5½ „	„ 1 „ 15 August	4½ „	8½ „
„ 16 „ ultimo „	6 „	6 „	„ 16 „ 31 „	4½ „	8 „
„ 1 „ 15 März	5½ „	6½ „	„ 1 „ 15 September	4½ „	7½ „
„ 16 „ 31 „	5 „	7 „	„ 16 „ 30 „	5 „	7 „
„ 1 „ 15 April	4½ „	7½ „	„ 1 „ 15 October	5½ „	6½ „
„ 16 „ 30 „	4½ „	8 „	„ 16 „ 31 „	6 „	6 „
„ 1 „ 15 Mai	4½ „	8½ „	„ 1 „ 15 November	6 „	5½ „
„ 16 „ 31 „	4½ „	9 „	„ 16 „ 30 „	6½ „	5 „
„ 1 „ 30 Juni	4½ „	9½ „	„ 1 „ 31 December	7 „	4½ „

Vom 1. December bis zum 15. Januar werden sämmtliche Bäume, mit Ausnahme des Alsterbaums, eine halbe Stunde später, als die oben angeführte Sperrzeit der Thore geschlossen.

Sperr-Reglement,
in Gemäßheit des Rath- und Bürgerschlusses vom 4. December 1856.

4 »THORSPERRENTABELLE«, 1856

Namen Herwardeshude nahe der Elbe an der Grenze zum späteren Altona begründet wurde. Es zog jedoch bereits 1295 an die Alster und gab später einem Hamburger Stadtteil den Namen. Den Nonnen war es am Elbufer zu gefährlich geworden, da sie der Gefahr von Sturmfluten und von Überfällen durch Flusspiraten ausgesetzt waren. In den folgenden Jahrhunderten lebten nur sehr wenige Menschen auf dem Gelände des heutigen St. Pauli. Dennoch hatte es für die Hamburger eine gewisse Bedeutung. Einige zig Meter über dem Meeresspiegel gelegen, stellte die Gegend für Hamburger Verhältnisse geradezu einen Berg dar, und dieser lieferte den Hamburgern bis ins 17. Jahrhundert viel Sand und Ton zum Häuserbau. Ein großer Teil dieses Hügels wurde dann für den Bau der Festungswälle abgetragen. Und auch vor den Toren wurde der Berg in der Nähe der neuen Befestigungsanlagen eingeebnet, um ein freies Schussfeld, ein sogenanntes Glacis, zu schaffen und potenziellen Feinden nicht die Möglichkeit zu geben, vom Hamburger Berg aus die Stadt zu beschießen. Im Weiteren wuchs die Vorstadt deshalb auch zunächst im Westen an der Grenze zu

5 HAMBURGER FESTUNG, ALTONA UND DAZWISCHEN DER HAMBURGER BERG, KARTE 1790

Altona (Abb. 5). Auf dem Hamburger Berg zu wohnen war dagegen eine unsichere Angelegenheit: Häuser durften nur eingeschossig errichtet werden und mussten im Kriegsfall geräumt werden. Hätten die Hamburger es gewünscht, so hätten die Häuser abgerissen werden müssen, damit Feinde sich nicht in ihnen verschanzen könnten. Während der französischen Besatzungszeit 1813/14 trat dieser Fall dann auch einmal ein, wenngleich nicht auf Anordnung der Hamburger (vgl. Rundgang 3). Doch schnell wurde die Vorstadt wieder neu bebaut und besiedelt – und immer mehr zu einem Vergnügungsviertel.

Überqueren wir nun die Reeperbahn und gehen zu den »Tanzenden Türmen«.

2 »TANZENDE TÜRME«

Hier, sozusagen am Eingang nach St. Pauli, sind in den letzten Jahren große, repräsentative Geschäftsgebäude entstanden. An dieser Stelle architektonische Zeichen zu setzen hat durchaus Tradition, denn hier befanden sich schon im späten 19. Jahrhundert keine gewöhnlichen Gebäude, sondern schicke Vergnügungspaläste. Ein erster Vorläufer war der sogenannte »Trichter«.

Der Trichter war ursprünglich eine Bierbude, die ihren Namen wegen eines trichterförmigen Spitzdachs erhalten hatte und 1805 als letzte Trinkgelegenheit vor dem Weg zurück durch die Stadttore nach Hamburg errichtet wurde. Nachdem der Trichter in der Franzosenzeit zerstört worden war, wurde er 1820 neu erbaut. Zu jener Zeit erlebte der Hamburger Berg einen ersten Boom. Dampfschiffe, die im 19. Jahrhundert vermehrt nach Hamburg kamen, machten direkt unterhalb der Vorstadt fest, da man die Technik noch für gefährlich hielt und die Schiffe nicht weiter in der Stadt anlegen lassen wollte. 1839 wurde deshalb der Anlegeplatz »Beim Jonas« eingerichtet, ein Vorläufer der Landungsbrücken. Mehr und mehr Seeleute gelangten nun auf kurzem Weg nach St. Pauli, wo sich immer mehr Kneipen und Bordelle etablierten. Doch auch die Zahl der Einwoh-

6+7 INNENANSICHT DES TRICHTERS, 1850/51, UND LUFTBILD VON TRICHTER UND SCHAUBURG, UM 1930

ner stieg deutlich an, und so hatte der Hamburger Berg 1831 bereits etwa 6000 Einwohner.

Der Trichter hatte einen Biergarten, einen Billardsaal und Gartenlauben, die bei verliebten Pärchen sehr beliebt waren (Abb. 6). Vom Trichter aus beobachtete man, wenn man es sich leisten konnte, die arme Meute, die in »Torschlusspanik« nach Hamburg stürmte, bevor die Tore geschlossen wurden, um keinen Eintritt in die Stadt bezahlen zu müssen. Mitte des 19. Jahrhunderts etablierte sich anstelle des Trichters »Mutzenbecher's Bierhalle«, ein neues Gebäude mit Garten- und Promenadenkonzerten sowie Musik und Artistik im großen Saal, ehe 1889 schließlich ganz neu gebaut wurde und der neue Trichter als »Chr. Hornhardts Concertgarten« eröffnete, ein luxuriöses Etablissement mit einem runden Ballsaal und einer 33 Meter hohen prächtigen Kuppel. Weiterhin gab es im großen Garten die beliebten Lauben. Der Trichter bot zu erschwinglichen Preisen Gartenkonzerte mit Schlachten- und Militärmusik sowie Feuerwerk und Tanz im Saal die ganze Nacht. Bis vier Uhr morgens konnte man hier schon damals schwofen und anschließend noch weiterziehen in eines der Cafés an der Reeperbahn.

Mitte der 1920er Jahre wurde der Biergarten aufgegeben, und ein Kino der Schauburg-Kette nahm seinen Platz ein. Das Kino hatte eine riesige

Orgel und 1800 Plätze. In den Schauburg-Kinos wurden anders als in den UFA-Kinos auch kritische, »linke« Filme gezeigt (Abb. 7).

Der Trichter war als Revuepalast international bekannt. 1942 wurden er und seine Nebengebäude zerstört. Nach dem Zweiten Weltkrieg stand einige Jahre lang ein schnöder Neubau an seiner Stelle, ehe hier 1969 eine Bowlingbahn im Waschbeton-Look gebaut wurde. Nachdem diese aufgegeben wurde, war zwischen 1991 und 2003 der international bekannte Mojo-Club mit Dancefloor-Jazz und Drum'n'Bass hier ansässig. Seit 2013 ist der Mojo-Club an die alte Stelle zurückgekehrt, nun ins Kellergeschoss des Bürohauses »Tanzende Türme« (Architekten: Bothe Richter Teherani), dessen Architektur von den Fachleuten sehr unterschiedlich bewertet wird und in dem sich neben dem Sitz eines großen Bauunternehmens und einer internationalen Spirituosenfirma mit dem Heaven's Kitchen im 23. und 24. Stock Hamburgs am höchsten gelegenes Restaurant mit Bar und Dachterrasse befindet (Abb. 8). Dass sich mit dem gegenüberliegenden Bürogebäude am Beginn der Reeperbahn bereits einige Jahre zuvor eine Büroadresse etabliert hat, zeugt vom Wandel auf St. Pauli in den letzten Jahren. Mehr und mehr wird der Stadtteil zu einer beliebten und allmählich immer teureren Adresse (vgl. Exkurs Gentrifizierung, S. 96).

8 »TANZENDE TÜRME«

Vom Ende des 19. Jahrhunderts bis zum Zweiten Weltkrieg zeigte sich die Eingangssituation zur Reeperbahn von Hamburg aus zumindest äußerlich durchaus deutlich nobler. Dem neuen Trichter wurde ebenfalls 1889 das mondäne »Concerthaus Hamburg (Gebr. Ludwig)« vis à vis gestellt, ein

9 CONCERTHAUS HAMBURG, 1894

sehr pompöses, riesiges, dem Wiener Burgtheater nachempfundenes Gebäude mit 2000 Plätzen an Tischen im Konzertsaal, einem Speisesaal für 1000 Personen und einer riesigen Bühne (Abb. 9). Dort gab es einen Wintergarten mit einem gläsernen Kuppeldach, Tuffsteingrotten und einem 17 Meter hohen Wasserfall – das Ganze in farbiger elektrischer Beleuchtung! Die St. Pauli-Zeitschrift »Reform« schrieb zur Eröffnung des Wintergartens:

> »Vor allen Dingen überrascht die gewaltige Höhe des Raumes, der in einem Kuppelbau endet, der bis zu einer Höhe von 60 Fuß mit Tuffsteingrotten ausgestattet ist. [...] Den Glanzpunkt des Wintergartens bildet jedoch der Wasserfall, der von der Spitze des Gebäudes durch drei Etagen herabfällt. Wie über die via mala führt über diesen Wasserfall eine geschmackvolle Brücke, an der sogar das Mutter-Gottes-Bild nicht fehlt. Magisch wird der Anblick, wenn der gesamte Wintergarten wie mit einem Zauberschlag bis in die innersten Grotten durch etwa 500 Glühlampen in den verschiedenen Farben beleuchtet wird. [...]

10 CAFÉ HEINZE, 1930ER JAHRE

Massiv, wie der echte Biertrinker sein muss, ist der in altdeutschem Geschmack gehaltene Biersaal. Zu loben ist dabei namentlich, daß der Architekt dem Biertrinker einen höchst soliden Sitz geschaffen hat, der ihm, entgegen den so gebräuchlichen Wiener Stühlen, in allen Leibesnöten einen sicheren Halt gewährt.«

Ferner gab es verschiedene, reich geschmückte Räume und eine Kegelbahn. Trotz der pompösen Ausstattung und des hohen Anspruchs mischte sich das Publikum hier, denn der Eintritt betrug oft nur wenige Groschen. 1910 wurde das Gebäude zu einem echten Theater umgebaut und hieß seit 1917 »Hamburger Volksoper«. Hier wurden niveauvolle Aufführungen von Opern, Operetten und Revuen geboten, in denen viele Stars auf der Bühne standen. 1943 wurde das Haus zerstört, genauso wie die umliegenden Gebäude, deren Cafés und Kneipen ebenfalls zur Bedeutung dieser Ecke beitrugen. Hierzu gehörte zum Beispiel das direkt neben der Volksoper gelegene Tanz-Café »Heinze«. Es wurde 1931 eröffnet, besaß einen gläsernen, beleuchteten Turm und wurde zum exklusivsten Tanzlokal Hamburgs. Die Tanzfläche war ebenfalls gläsern und von unten goldschimmernd beleuchtet. Im »Heinze« spielten die besten Bands der 1930er Jahre Swing und Tango (Abb. 10+11).

11 GLÄSERNE TANZFLÄCHE IM CAFÉ HEINZE, 1930ER JAHRE

In den 1920er Jahren grassierte auf St. Pauli ein regelrechtes Tanzfieber. Auch der Jazz wurde nun auf St. Pauli populär. Die Zeit war geprägt von großen Unsicherheiten, und weite Teile der Bevölkerung waren von Ereignissen wie dem Ersten Weltkrieg, dem Zerfall des Kaiserreichs, der Inflation und den Wirtschaftskrisen jener Jahre geradezu traumatisiert. Einerseits führte dies zu politischen Radikalisierungen, im Freizeitbereich aber vor allem zu einer gesteigerten Suche nach Vergnügen und unmittelbarem Genuss. Es ist dies auch die Zeit, in der sich die neuen Massenkulturphänomene insbesondere in den Städten durchsetzten (Kino, Schausport, Radio, Schallplatte, Ausflüge) und die städtischen Lohnabhängigen mehr Freizeit erlangten, beispielsweise durch die Einführung des Acht-Stunden-Tages nach 1918. Gleichzeitig war die Zwischenkriegszeit auch gekennzeichnet von einer Enttabuisierung ausgeprägter Körperlichkeit: Die Kleidung wurde bequemer und natürlicher, die Tänze waren offener sexuell konnotiert. Die modernen Massenkünste und Vergnügungen riefen freilich auch angstvolle konservative Gegenreaktionen auf den Plan. Gerade der Jazz galt ihren Gegnern als Inbegriff der dekadenten Metropolenkultur.

Das Café Heinze wurde in der NS-Zeit ein wichtiger Treffpunkt der Hamburger Swing-Jugend. Hier trat zum Beispiel Teddy Stauffer häufig auf, dessen Musikstück »Goody Goody«, für das er 1936 im »Heinze« seinen ersten Plattenvertrag abschloss, quasi die Hymne der Berliner und Hamburger Swing-Jugend war.

Die Swing-Jugend rekrutierte sich vornehmlich aus der Ober- und der Mittelschicht, es gab aber auch proletarische »Swingheinis«. Sie pflegte eine betont lässige, anglophile Selbstinszenierung, war aber weder eine sozial homogene Gruppe oder gar Organisation, noch entsprach sie der klassischen Vorstellung einer Widerstandsbewegung. Sie war eher Widerstand im Sinne nonkonformen Verhaltens, das in der Nazi-Zeit allein schon politisch war. »Swing-Jugendliche« waren an ihrem auffälligen Äußeren zu erkennen. Man orientierte sich am Lebensstil und den Moden, die man aus amerikanischen und britischen Filmen kannte. Die Jungs trugen elegante, legere Kleidung und auffällig längere Haare. Oft hatten sie einen Regenschirm dabei. Die Mädchen schminkten sich und trugen Hosen! Gemeinsam war ihnen die Liebe zur amerikanischen Swing-Musik und den damit verbundenen Tänzen. Ende 1935 wurde Jazz im deutschen Rundfunk als »artfremd« verboten. Ein HJ-Streifendienst charakterisierte eine Swing-Tanzveranstaltung im Altonaer Hotel Kaiserhof wie folgt:

> »Es wurde in übelster und vollendetster Form geswingt. Teilweise tanzten zwei Jünglinge mit einem Mädel, teilweise bildeten mehrere Paare einen Kreis, wobei man sich einhakte und in dieser Weise dann weiter gehüpft wurde. Viele Paare hüpften so, indem sie sich an den Händen anfassten und dann in gebückter Stellung, den Oberkörper schlaff nach unten hängend, die langen Haare wild im Gesicht, halb in den Knien mit den Beinen herumschleuderten. Bei manchen konnte man ernsthaft an deren Geisteszustand zweifeln, derartige Szenen spielten sich auf der Swingfläche ab. In Hysterie geratene Neger bei Kriegstänzen sind mit dem zu vergleichen, was sich dort abspielte.«

Ab 1939 praktizierten die Nazis ein strikteres Vorgehen gegen die Swing-Jugend, wodurch sich die Bewegung politisierte. In Hamburg gab es etwa 1000 bis 1500 Swing-Jugendliche, von denen vierzig bis siebzig in KZs eingewiesen wurden.

Ein weiteres bedeutendes Café am Anfang der Reeperbahn war das Hotel und Café Hammonia, um 1900 ein beliebter Artistentreff. Hier wurde 1907 von dem Schlesier Alfred Müller-Forst, der als Dramaturg am

Ernst-Drucker-Theater beschäftigt war, der Text des Schlagers »Auf der Reeperbahn nachts um halb eins« verfasst. Die Melodie stammt von dem Sachsen Ralph Arthur Roberts, sodass dieser ikonische St. Pauli-Song von zwei »Quiddjes«, also Nicht-Hamburgern, geschrieben wurde. Seit 1911 wurde das Lied in der sehr erfolgreichen Revue »Rund um die Alster« im Neuen Operettenhaus gesungen, das sich am Spielbudenplatz – unserer nächsten Station – befand.

Wir gehen nun nach Westen über den Platz und stellen uns kurz hinter der Taubenstraße auf, wo wir einen schönen Rundumblick haben.

3 SPIELBUDENPLATZ

Der zentrale Platz an der Reeperbahn hat seinen Namen von den kleinen hölzernen Buden, die hier seit 1795 aufgestellt wurden. Dort gastierten fahrende Künstler mit ihren Belustigungen und Vergnügungen, die die Städte Hamburg und Altona in ihren Innenstädten nicht dulden wollten. In einer Art dauerhaftem Jahrmarkt vollführten die Schausteller bis 1840 ihre Kunststücke und Vorführungen auf dem Platz. Seiltänzer und starke Männer, Zauberer und Kasperlbuden, esoterische Heilangebote und Verwandlungskünstler: Alle möglichen und unmöglichen Dinge wurden dem zahlenden Publikum untergejubelt. Der Rechtsanwalt und letzte Domherr Hamburgs, Friedrich Johann Lorenz Meyer, beschrieb den Spielbudenplatz in seinen »Skizzen zu einem Gemälde von Hamburg« im Jahr 1800 folgendermaßen:

> »Reihen und Gruppen von hölzernen Schaubuden mit wilden Thieren, Taschenspielern, Wachsfiguren, Seiltänzern, Polichinellen, Luftspringern, Kunstreitern, monströsen Menschenracen, Steinfressern, Misgeburten, Marionetten, Bänkelsängern, Harlekins, Komödianten auf ihren Thespiskarren, Naturalien, optischen und mechanischen Künsten u. dgl. [...] Belustigend sind unter diesen Gaukeleien die Künste der Industrie und der Täuschung, womit leichtgläubige Zuschauer von

landstreichenden Artisten für bares Geld geneckt werden.«

12 »CIRCUS RENZ«

Seit den 1840er Jahren entstanden vermehrt feste Gebäude auf dem Platz, der so endgültig zu einem Zentrum der hamburgischen Unterhaltungsszene wurde. Zu dieser Zeit erhielt St. Pauli auch seinen heutigen Namen und war zur offiziellen Vorstadt geworden, allerdings immer noch nicht mit gleichen Rechten wie das eigentliche Hamburg innerhalb der alten Walllinie. 1838 hatte St. Pauli bereits 11 000 Einwohner, und man zählte über einhundert Kneipen und Tanzlokale sowie 150 eingetragene Prostituierte.

Nach Abschaffung der Torsperre zu Silvester 1860 kamen Bierpaläste, Varietés und ähnliche Etablissements an den Spielbudenplatz, und St. Pauli erlebte einen regelrechten Bauboom. Das Angebot an Theatern und Opern bot nun wirklich für jeden Geschmack etwas. Die Reeperbahn gegenüber entwickelte sich hingegen erst später.

Im 19. Jahrhundert verfügten zum ersten Mal in der Geschichte überhaupt größere Teile der Bevölkerung über nennenswerte Freizeit und Kaufkraft. Eine Trennung von Arbeit und Freizeit hatte die vorindustrielle Gesellschaft nicht gekannt. Allmählich entstand so ein kultureller Massenmarkt für die städtischen Lohnbezieher, deren Geld, Zeit und Aufmerksamkeit knapp bemessen waren. Sie verlangten nach Unterhaltung mit kräftigen Reizen und einer gewissen Alltagsnähe. Um 1900 blühten zahlreiche konkurrierende Unterhaltungsangebote auf, die auf die Massen und deren weniges Geld zielten. Zu jener Zeit waren ungefähr drei Viertel der Erwerbstätigen Arbeiter, und in den Städten lebten sehr viele junge, alleinstehende Personen, die sich vergnügen wollten. Um dieser Volksbelustigung einen mondäneren Anstrich zu geben, wurden einfache Dinge aufwendig inszeniert, zum Beispiel in Gestalt pompöser Architekturen für Varietés, Zirkusse oder Volkstheater.

Am Spielbudenplatz konzentrierten sich derlei Angebote: Hier gab es ein Gebäude des berühmten »Circus Renz« (Abb. 12), große »Music-Halls«, also Gasthäuser mit musikalischen Darbietungen und Tanz, mehrere Theater (vgl. Exkurs »Theater auf St. Pauli«, S. 31) und auch Naturalienkabinette, in denen die kuriosesten Dinge bestaunt und erworben werden konnten, welche die Seeleute aus aller Welt mitbrachten und in den Hafenstädten zu Geld machten. 1902 war etwa als Sensation ein ausgestopfter Gorilla aus Kamerun zu bewundern, und manches Mal gastierten zweifelhafte Veranstaltungen wie zum Beispiel 1890 eine »Exotenschau« mit »Amazonen« aus Afrika (beides bei Umlauff am Spielbudenplatz 15). Hinzu kamen erste Kinos wie Knopf's Lichtspiele (Abb. 14, heute Docks, Spielbudenplatz 19), in denen anfangs ein Rollo in der Mitte des Raums als Leinwand diente, sodass ein Teil des Publikums die Filme seitenverkehrt betrachten musste, oder die erste Cocktailbar (Bar Amerika in Hausnummer 28). Ein Relikt aus jenen Tagen ist das Panoptikum, ein Wachsfigurenkabinett, das seit 1879 seinen Sitz am Spielbudenplatz 3 hat (Abb. 13).

Um 1900 waren die Reeperbahn und der Spielbudenplatz jedenfalls eher ein (klein-)bürgerlicher Vergnügungsort und nicht verrufen (Abb. 15). Im Zweiten Weltkrieg wurde ein großer Teil der Häuser am Spielbu-

13+14 PANOPTIKUM, UM 1960, UND KNOPF'S LICHTSPIELHAUS, 1950

15 SPIELBUDENPLATZ IN DEN 1920ER JAHREN

denplatz zerstört. Während die Reeperbahn vor allem nach dem Zweiten Weltkrieg immer stärker zum Synonym für die Hamburger Rotlichtviertel wurde, lässt sich dies vom Spielbudenplatz – von Ausnahmen abgesehen – nicht sagen. Für einige Jahre zierte ihn eine eher unwirtliche Pavillonlandschaft mit Restaurants und Spielhallen, die 1989 abgerissen wurde. Danach blieb er 17 Jahre eine sandige Fläche Ödland, für die zahlreiche großangelegte Gestaltungspläne kursierten, ehe er 2006 in seine jetzige, eher bescheidene Form mit zwei beweglichen Bühnen gebracht wurde (Gestaltung: Lützow 7). In seiner heutigen Form bietet der Platz Raum für große Open-Air-Veranstaltungen wie Public Viewings, Märkte oder Konzerte.

Just in jener Zeit, da der Spielbudenplatz brachlag, trugen jedoch einige Theater, Clubs und Kneipen dazu bei, dass der Hamburger Kiez eine Wiederbelebung erfuhr (Details hierzu bei Station 6). Das Musical

16+17 MOLOTOW, 2013, UND DAVIDWACHE/ST. PAULI-THEATER, 1925

»Cats« im Operettenhaus, Comedy-Bühnen wie das Schmidt Theater und Schmidts Tivoli, in denen bekannte Showgrößen wie Helge Schneider oder Lilo Wanders zu Beginn ihrer Karrieren auftraten, sowie Clubs für Live-Musik wie das Molotow (Abb. 16) und das Docks, die dem Independent- und Underground-Rock Auftrittsmöglichkeiten boten, waren – und sind – hier die treibenden Kräfte. Der umstrittene Abriss der sogenannten »Esso-Häuser«, eines baufällig gewordenen Wohn- und Geschäftskomplexes aus den 1960er Jahren zwischen Panoptikum und Taubenstraße, bedeutet leider das – zumindest zeitweilige – Aus einiger Institutionen am Spielbudenplatz. Die berühmte Tankstelle an der Taubenstraße musste bereits weichen, wohingegen die Veranstaltungen des Molotow an wechselnden anderen Orten stattfinden.

Zwei berühmte Gebäude liegen einige Schritte weiter am westlichen Ende des Spielbudenplatzes: die Davidwache und das St. Pauli-Theater (Abb. 17). Die Polizeistation Davidwache befindet sich seit 1868 hier und sitzt seit 1914 in dem von Fritz Schumacher gestalteten Gebäude, das an ein Hamburger Bürgerhaus erinnert. Die von dem in Hamburg sehr produktiven Bildhauer Richard Kuöhl (1880–1961) gestalteten Legionärsköpfe an der Seitenfassade des Hauses stehen symbolisch für eine strenge Gesetzesüberwachung. Links daneben befindet sich das St. Pauli-Theater. Auch wenn die heutige Front erst von 1898 stammt, ist es doch das älteste

18+19 URANIA-THEATER, 1846, UND ERNST-DRUCKER-THEATER, UM 1900

erhaltene Gebäude am Spielbudenplatz. 1841 wurde es unter dem Namen »Urania-Theater« mit 1300 Plätzen als Theater für die Vorstädter eröffnet (Abb. 18). Hier wurden vor allem volkstümliche Stücke und Varietés gegeben, oft auf Plattdütsch oder Missingsch, dem Hamburger Mix aus Hoch- und Niederdeutsch. 1895 wurde das Theater nach seinem Betreiber, einem Schauspieler, in »Ernst-Drucker-Theater« umbenannt (Abb. 19). Während der Nazi-Zeit folgte 1941 eine weitere Umbenennung in »St. Pauli-Theater«, denn Drucker war Jude. Seit einem Umbau 1969/70 wird auf der Bühne kein Plattdütsch mehr gesprochen.

Wir kehren nun zurück auf die Höhe der Taubenstraße, überqueren die Reeperbahn und gehen einige Meter die Detlev-Bremer-Straße entlang, bevor wir nach links in die Seilerstraße abbiegen.

THEATER AUF ST. PAULI

Rund um Reeperbahn und Spielbudenplatz finden sich bis heute mehrere Theater und Schaubühnen. Schauspielaufführungen haben eine lange Tradition in der Vorstadt, in der es den durch die Lande ziehenden Theatergruppen erlaubt war, temporäre Spielbuden aufzustellen und dem Publikum ihre Darbietungen zu zeigen. Seit der Mitte des 19. Jahrhunderts wurden dann mehrere feste Theatergebäude errichtet.

Ein Blick auf die Spielpläne der Theater zeigt, dass auf St. Pauli neben allerlei leichter Muse auch ernste Stücke und Klassiker zur Aufführung kamen. Allerdings wichen die Interpretationen der hiesigen Theatermacher häufig erheblich von den buchstäblichen Fassungen ab. Da im Zentrum der Darbietungen nicht das Werk und seine Botschaft standen, sondern die Unterhaltung des Publikums und dessen Erleichterung um ein paar Geldstücke, wurde auf Werktreue wenig Rücksicht genommen. Vielleicht schwang bei den Inszenierungen auch eine gewisse Angst mit, denn das Publikum am Spielbudenplatz zeigte in der Mitte des 19. Jahrhunderts noch zum Teil sehr spontane und heftige emotionale Reaktionen. Es entstammte zumeist eher kleinbürgerlichen, jedenfalls keinen begüterten oder gebildeten Verhältnissen. Gefiel den Zuschauern eine Darbietung nicht, so taten sie dies ganz handfest kund. Bei Missfallen liefen Schauspieler Gefahr, mit Kartoffeln beschmissen oder gar verprügelt zu werden!

Klassische Stücke wurden deshalb dem Publikumsgeschmack entsprechend umgeschrieben, was skurrile Blüten treiben konnte: Da Fausts Treuebruch stets zu einem Hagel von Äpfeln und Kartoffeln führte, musste er versprechen, Gretchen zu heiraten; die »Jungfrau von Orléans« wurde auf sechzig Minuten zusammengestrichen und nahm ein Happy End, das »Käthchen von Heilbronn« wurde mit Gefechten, Tanz und Feuerwerk aufgepeppt. Oft wurden auch Parodien auf bekannte Stücke inszeniert und viele Possen und Stücke mit aktuellen Bezügen – oft auf Plattdütsch oder Missingsch – gegeben. Singspiele, Operetten und Varieté belustigten und unterhielten das Publikum.

SPIELSZENEN IM ERNST-DRUCKER-THEATER, UM 1900

Ab 1903 erlangte vor allem das »Neue Operettenhaus« einen hohen Bekanntheitsgrad für erstklassige, reich ausgestattete Inszenierungen und Revuen. Hier gastierte der berühmte Schauspieler Emil Jannings

(1884–1950), und auch die deutsche Erstaufführung von Franz Léhars »Lustiger Witwe« mit Léhar selbst als Dirigent war hier 1906 zu sehen. Nach mehreren Umbenennungen, der Zerstörung im Krieg, Neubau und Wiederabriss wurde um 1980 das heutige Haus gebaut, in dem seit Mitte der 1980er Jahre erfolgreich Musicals – allen voran »Cats« mit einer Hamburger Laufzeit von fast 15 Jahren – aufgeführt werden.

Doch auch abgesehen vom Operettenhaus ist im Schmidt Theater und im Imperial Theater, in Schmidts Tivoli und im St. Pauli-Theater nach wie vor vieles von der Tradition der leichteren Unterhaltungskunst auf den Brettern der Bühnen St. Paulis lebendig.

4 BEI DER EHEMALIGEN SCHULE SEILERSTRASSE

Der Name der Seilerstraße verweist noch auf ihre alte Funktion, denn hier wurden früher die Taue für die Schifffahrt auf den sogenannten Reeperbahnen hergestellt. Mit dem Festungsbau im 17. Jahrhundert war für das platzraubende Gewerbe der Reepschlägerei in der eigentlichen Stadt kein Raum mehr, und so wurde es vom Eichholz in der heutigen Neustadt hierher verlegt. Bis 1883 wurden an dieser Stelle auf zehn mehrere Hundert Meter langen Bahnen Seile aus Naturfasern gedreht. Das Wort »reep« ist mit dem englischen Wort »rope« (= Seil) verwandt. Die Tauherstellung war zu Zeiten der Segelschifffahrt natürlich weit bedeutender als heute, denn bereits ein kleines Segelschiff von fünfzig Metern Länge benötigte ungefähr sechs Kilometer an Tauwerk. 1883 wurde die Seilherstellung an diesem Ort aufgegeben, und die Reeperbahnen mussten neuer Wohnbebauung weichen. Auch zwei Schulgebäude wurden dabei integriert, eine Volksschule mit getrennten Eingängen für Jungs und Deerns und eine Realschule gegenüber, in der sich heute das Schulmuseum befindet. Beide waren bis 2002 in Betrieb. Die Volksschule fand sogar Erwähnung in einem Lied, das die Notwendigkeit einer höheren Schulbildung für echte St. Paulianer in Zweifel zieht, weil diese auch mit wenig Bildung über genügend

 Lebensweisheit verfügten. Bekannt gemacht hat das Lied in den 1970er Jahren die Hamburger Schauspielerin Heidi Kabel:

> »Ich sach Frau Möller, was sagen Sie nun, haben Sie das gesehen? /
> Was Meiers plötzlich dick sich tun, seit die Kinder auf die höhre Schule gehen. /
> Die denken wohl, wer sie wohl sind, und pedt sick op'n Slips. /
> Und dabei weiß ja jedes Kind, mein Heini hat genau so'n Grips. /
> Mein Junge hätt' ja auch drauf können auf die höhre Schule, aber was mein Mann ist, der hat gesacht: Nee! /
> Mit die höhre Schule is das nix, da kommt mein Kind nich rein. /
> In der Seilerstraße lern' sie auch ganz fix und was soll das mit Latein
> Und Algebra und Mathematik und Französisch sick afrackt /
> Wat sall de Jung mit all so'n Schiet, denn in Hamburch ward doch Plattdütsch snackt.«

Ein Gymnasium gab es im Arbeiterstadtteil St. Pauli allerdings auch gar nicht, der bis heute – trotz aller Tendenzen zur Gentrifizierung – in Teilen noch immer als unterprivilegiert zu bezeichnen ist. Die Seilerstraße vermittelt dabei einen ganz guten Eindruck des Wohnviertels St. Pauli. 2011 lebten im gesamten Stadtteil rund 24 000 Menschen. Damit ist es heute deutlich weniger eng als Ende des 19. Jahrhunderts, als ungefähr 76 000 Menschen St. Pauli bevölkerten. Jedoch wird es vor allem am Wochenende deutlich enger, wenn die feierwütigen Massen hierher strömen. Von den Umsätzen der Kneipen und Clubs sehen die Einwohner allerdings recht wenig. Das meiste wandert in die Taschen der Unternehmer und geht an die Steuerkasse. Die Kollateralschäden, die das exzessive Feiern hinterlässt, bleiben hingegen den

20 PLAKATINITIATIVE, 2003

Einheimischen: Lärm und Dreck, Betrunkene und Gewaltbereitschaft, Parkverkehr und Vandalismus. Immer wieder begegnen die Bewohner diesen Widrigkeiten mit kreativen Aktionen wie der Erklärung St. Paulis zum Kurort, um Gelder für soziale Projekte im Viertel einzuwerben, oder Plakaten, die die Besucher zu mehr Sauberkeit ermahnen (Abb. 20).

Was die Kriminalität auf St. Pauli anbelangt, zeigen die Statistiken tatsächlich, dass St. Pauli ein gefährlicheres Pflaster ist als andere Hamburger Stadtteile. Allerdings beziehen sich diese Erhebungen zumeist auf die Einwohnerzahl und nicht auf die tatsächlich im Stadtteil anwesenden Menschen, und so fühlt sich mancher – auch wenn man immer vorsichtig sein sollte – hier nachts sicherer als in menschenleeren Vorortstraßen, denn allein ist man hier selten auf den zentralen Straßen.

Weiter geht es nun nach links in die Hein-Hoyer-Straße und dann wieder über die Reeperbahn in die Davidstraße. Wenn wir die Tour nach acht Uhr abends machen, empfiehlt es sich, auf die linke Straßenseite zu wechseln.

5 DAVIDSTRASSE/HÖHE HERBERTSTRASSE

Die Davidstraße ist eine der fünf Straßen, in denen auf St. Pauli der Straßenprostitution nachgegangen werden darf. Zwischen acht Uhr abends und sechs Uhr morgens dürfen die Frauen den Kunden hier ihre Dienste anbieten – allerdings nur auf der westlichen Straßenseite. Doch die Davidstraße ist zugleich eine ganz normale Straße mit Gemüseläden, Frisiersalons und Restaurants. An der Ecke Friedrichstraße befindet sich zudem mit dem »St. Pauli Museum« ein kleines privates Museum, in dem zahlreiche Fotos und Ausstellungsgegenstände zur Stadtteilgeschichte präsentiert werden.

21 SICHTBLENDE HERBERTSTRASSE

Die Prostitution hat auf St. Pauli eine lange Tradition. 1732 wurde sie innerhalb des Wallrings verboten, sodass sie sich in die Vorstädte verlagerte. Laut Jonas Ludwig von Heß' »Topographie Hamburgs« von 1787 hatte St. Pauli damals 283 Häuser, von denen zwei Häuserreihen aus Bordellen bestanden. Auch bei einem anrüchigen Gewerbe wie der Prostitution zeigte sich hier ein wiederkehrendes Grundprinzip der Hamburger Stadtpolitik: Gern siedelte man jene Dinge, die man in der eigentlichen Stadt nicht haben wollte, aber als notwendiges Übel oder als wirtschaftliches Erfordernis betrachtete, in den Vorstädten an. Neben der Prostitution waren dies Gewerbe, die viel Platz brauchten oder Gestank bzw. Lärm verursachten und von denen uns auf den Touren in diesem Buch noch einige begegnen werden.

1841 gab es auf St. Pauli bereits zwanzig Bordelle mit 151 Prostituierten, und die Davidstraße war die Hauptmeile für käuflichen Sex. Der Historiker Friedrich Karl Julius Schütz charakterisierte die Gewerbe auf dem Hamburger Berg in seinem »Hand- und Hülfsbuch für Fremde und Einheimische« 1827 folgendermaßen:

> »Die Bewohner der Vorstadt sind größtenteils Schiffer und Schiffsbauer, Handwerker und eine Menge Schank- und Bordellwirte. Hier, in den letztren, der Venus Cloacina gewidmeten Häusern, findet besonders der rohe Matrose die höchsten Freuden seines mühevollen Lebens, im Branntwein, beim Tanze, und in den Umarmungen feiler Nymphen der niedrigsten Klasse, welche ihn oftmals, wenn er in der Gesellschaft seiner jauchzenden Brüder aus einem der vielen Bierhäuser Altonas taumelt und lallend zurückkehrt, auf einmal um den Lohn vieler mühsam durcharbeiteter Monate bringen.«

Im Jahr 1900 richtete dann die Stadtverwaltung aus Gründen der Ordnung und Kontrolle die Herbertstraße als geschlossene Wohnanlage für Prostituierte ein. Sie ist bis heute eine reine Bordellstraße geblieben, in der rund um die Uhr sexuelle Geschäfte getätigt werden. Die Sichtblenden am Eingang der Herbertstraße wurden 1933 nach der Machtübernahme der Nationalsozialisten eingeführt (mehr zu St. Pauli in der Nazi-Zeit vgl. Exkurs »Das braune St. Pauli«). Erst seit 1979 existiert das Schild, das Jugendlichen und Frauen die Begehung der Herbertstraße verbietet (Abb. 21). Es wurde angebracht, nachdem zunehmend Touristengruppen glotzend durch die Straße gegangen waren und es zu Auseinandersetzungen mit den Prostituierten gekommen war. Für Jugendliche ist es laut Jugendschutzgesetz verboten, die Straße zu passieren. Das Verbot für Frauen entbehrt jedoch jeder rechtlichen Grundlage. Die Herbertstraße ist eine öffentliche Straße, die etwa auch regulär von der Müllabfuhr gereinigt wird. Das Verbot ist deshalb eher als eine ernstgemeinte Empfehlung zu verstehen, da die Sexarbeiterinnen in der Herbertstraße sich gegen geschäftsschädigende Gafferinnen gut zu wehren wissen.

Mittlerweile ist die Prostitution weitgehend legalisiert. Dennoch arbeiten nur wenige Frauen auf St. Pauli als Selbständige. Hinter fast jeder Sexarbeiterin steht noch immer ein Mann, der einen großen Teil der Einnahmen gegen »Schutz« abschöpft. Auch machen ihren Job nur sehr wenige Frauen freiwillig.

Wir biegen nun rechts in die Erichstraße und gehen diese bis zur Ecke Gerhardstraße, wo wir wieder nach rechts abbiegen und am anderen Ende der Herbertstraße vorbei zum Hans-Albers-Platz gelangen.

DAS BRAUNE ST. PAULI

Auch in der Zeit des Nationalsozialismus war St. Pauli ein besonderer Stadtteil. Aufgrund der Nähe zum Hafen lebten hier traditionell viele Arbeiterfamilien. Anfang der 1930er Jahre herrschte auf St. Pauli Krisenstimmung. Viele Lokale hatten im Zuge der Weltwirtschaftskrise Probleme bekommen, denn die Löhne waren niedrig, und das Geschäft lief dementsprechend schlecht. In dieser Zeit gingen zahlreiche Geschäfte pleite, und die Straßenprostitution nahm zu.

Auf St. Pauli wurde die NSDAP bei den Reichstagswahlen im März 1933 mit 35 Prozent die stärkste Partei, während die KPD 32 Prozent erreichte und die SPD 24 Prozent. Trotz des hohen Stimmanteils für die Nationalsozialisten zeigte sich St. Pauli damit als weniger »braun« und deutlich »röter« als der Reichsdurchschnitt.

Da der Stadtteil als Vergnügungsviertel bekannt war, ließ er sich auch als solches im Rahmen der »Kraft durch Freude«-Angebote vermarkten, weshalb hier weiterhin recht viele Dinge geduldet wurden, die eigentlich nicht zur nationalsozialistischen Ideologie passten. Gerade die volkstümlichen Unterhaltungsangebote auf St. Pauli unterschieden sich inhaltlich kaum von jenen vor 1933. Es dominierten weiterhin Varieté und Singspiele, Tanz und Akrobatik sowie Erotik und Exotik. Selbst für von der Norm abweichende Vergnügungen bot St. Pauli zumindest für einige Jahre noch Nischen, wie die Präsenz der anglophilen Swing-Jugend im Stadtteil zeigt (vgl. Station 2).

Gegen Prostitution wurde in der Nazi-Zeit hingegen streng vorgegangen. Die Nationalsozialisten betrieben ab 1933 die Wiedereinführung der Kasernierung für Prostituierte in Hamburg, die in der Weimarer Zeit aufgehoben worden war. Prostituierte durften sich nur noch in bestimmten Straßen wie der Herbertstraße aufhalten, deren »normale« Wohnbevölkerung fortziehen musste. Vor der Herbertstraße wurden von den Nazis 1933 die bis heute üblichen Sichtblenden eingeführt. Nach einem im selben Jahr erlassenen Gesetz machte sich strafbar, wer »öffentlich in auffälliger Weise oder einer Weise, die geeignet ist, einzelne oder die Allgemeinheit zu belästigen, zur Unzucht auffordert oder sich dazu anbietet«. Wenn die Frauen sich nicht daran hielten und weiter auf den Straßenstrich gingen, drohten ihnen drakonische Strafen bis hin zu KZ-Haft. In den KZs waren sie dann nicht selten wieder als Prostituierte tätig. Prostituierten drohten jedoch nicht nur Haft oder Zwangsarbeit, sondern auch Entmündigung und Zwangssterilisation. Über die Frauen wurden durch das

Fürsorgewesen, die Gesundheitsbehörde und die Polizei alle möglichen Daten gesammelt, die Begründungen für Sterilisationen liefern konnten. Um Prostituierte entmündigen zu können, wurde deshalb ein Zusammenhang zwischen häufig auftretenden Geschlechtskrankheiten und Geistesschwäche konstruiert. Auch sogenanntes »asoziales Verhalten«, wozu Prostitution zählte, oder »moralischer Schwachsinn« wurden vom Pflegeamt als Begründung für Geistesschwäche angesehen.

Letztlich ging es den Nationalsozialisten in ihrer Politik gegenüber der Prostitution jedoch weniger um deren Abschaffung als vielmehr darum, sie zu kontrollieren und sogar gezielt einzusetzen. Ein nachhaltiger Kampf wurde allerdings gegen die Zuhälterei geführt.

6 HANS-ALBERS-PLATZ

Der Hans-Albers-Platz erinnert an eine der Ikonen St. Paulis, den Schauspieler Hans Albers (1891–1960). Albers charakteristische Rolle war vor allem der gnarzige und draufgängerische Seebär mit dem Herz am rechten Fleck. Er wuchs in der anderen alten Hamburger Vorstadt, St. Georg, auf und ist nie zur See gefahren. Sein berühmtester St. Pauli-Film ist »Große Freiheit Nr. 7«, ein Film, der im Zweiten Weltkrieg gedreht wurde, um die Illusion einer heilen Hafenwelt aufrechtzuerhalten. Doch nur wenige Sequenzen konnten noch auf St. Pauli gedreht werden, da die Bomben der Alliierten bereits zu starke Zerstörungen hinterlassen hatten. Gedreht wurde deshalb vor allem in den Babelsberger Studios und am Ende sogar in Prag. Nach seiner Uraufführung in Prag 1944 wurde der Film zu Kriegszeiten jedoch nicht mehr aufgeführt, denn Großadmiral Dönitz, der ihn begutachtete, hielt den Streifen aufgrund des Lotterlebens seines Helden für die Stärkung der Moral an der »Heimatfront« nicht geeignet.

Albers spielte auch die Hauptrolle in den Filmen »Auf der Reeperbahn nachts um halb eins« (Abb. 22) und »Das Herz von St. Pauli«. Zudem war er ein häufiger Gast in den Kneipen St. Paulis. Nach seinem Tod wurde der Platz 1964 nach ihm benannt und 1986 vom Künstler Jörg Immendorff (1945–2007) mit einem Albers-Denkmal verziert. Da der Hamburger Senat eine notwendige Umgestaltung des heruntergekommenen Platzes immer weiter verzögerte, ließ Immendorff die Statue 1997 abbauen und in Düsseldorf aufstellen. Nachdem der Platz dann doch neu gestaltet wurde, fertigte Immendorff 1999 eine leicht veränderte Version an, die nun wieder den Platz schmückt.

Immendorff war es auch, der zwischen 1984 und 1997 die Kneipe »La Paloma« an der Ecke Friedrichstraße betrieb und damit zur Wiederbelebung St. Paulis beitrug. Die mit allerlei Kunst geschmückte Kneipe entwickelte sich zu einem Künstler- und Intellektuellentreffpunkt und zog so ein neues Publikum nach St. Pauli. Doch das La Paloma war nicht der einzige neue Anziehungspunkt, nachdem sich der Stadtteil Mitte der 1980er Jahre in einer Krise befunden hatte. Diese beruhte im Wesentlichen auf drei Faktoren: Erstens kamen immer weniger Matrosen nach St. Pauli, da die Schifffahrt immer weniger Hände benötigte, die Liegezeiten im Hafen immer kürzer wurden und die Hafenanlagen sich immer weiter vom Stadtzentrum entfernten; zweitens war St. Pauli von großer Arbeitslosigkeit betroffen, weil viele Bewohner durch die zunehmende Technisierung und eine Pleitewelle in der Werftindustrie ihre Jobs im Hafen verloren; und drittens befand sich das Rotlichtviertel durch das Aufkommen von AIDS und die steigende Gewalt im Milieu in der Krise.

Gewalt und Kriminalität waren zumindest seit dem 20. Jahrhundert auf St. Pauli immer präsent. Bereits in den 1920er Jahren gab es hier umfassende Zuhältervereinigungen und auch die ersten Drogenprobleme. St. Pauli galt als »eines der größten Verbrecherzentren europäischer Großstädte« mit einschlägigen Ganovenkneipen wie der später, in der Nazi-Zeit, abgerissenen »Finkenbude« in der Finkenstraße, wo der Wirt in einem Gitterkäfig saß und Getränke nur gegen Vorkasse ausgab. Seit den 1960er Jahren verstärkten sich die gewalttätigen Auseinandersetzungen, die zu dieser Zeit zumeist noch ohne Waffengewalt ausgetragen wurden. Dies änderte sich erst um 1980, als zahlreiche Morde das Milieu erschütterten. In Kombination mit teilweise horrenden Getränkepreisen in einigen Etablissements verschreckte die brutale Gewalt die Besucher, und der Kiez verödete. Polizeiliche Maßnahmen, aber auch die Gründung einer Interessengemeinschaft von Unternehmern auf St. Pauli, sorgten schließlich für einen Wandel.

22 FILMPLAKAT MIT HANS ALBERS

Gerade der Hans-Albers-Platz steht für diesen Umschwung seit der Mitte der 1980er Jahre. Hier etablierten sich viele Kneipen, die auf ein neues Publikum zielten, das weder mit dem alten Arbeiter- und Matrosen-St. Pauli zu tun, noch irgendetwas mit dem Rotlichtmilieu am Hut hatte. War der Platz zuvor ein Zentrum des kriminellen Milieus gewesen, so nutzten jetzt neue Geschäftsleute die entstehenden Lücken mit Kneipen wie eben dem La Paloma oder dem Mary Lou's. Ein Investor setzte gar Luxuswohnungen auf die Altbauten am Platz. Mit der Umgestaltung des Platzes Ende der 1990er Jahre entstand ein Ort, der vor allem im Sommer von vielen Kiez-Besuchern genutzt wird. In den Straßen rund um den Platz mischt sich das Publikum inzwischen sehr. Locken den Spezialisten vielleicht die Rockerkneipen und die Burlesque-Shows, so wird der Hamburger Vorstädter eher von Pubs und Cocktail-Bars gelockt, und Tanzwütige kommen in den Clubs der Hinterhöfe auf ihre Kosten.

Für uns geht es nun durch die an der Platzmitte abführende kleine Querstraße zu der vielleicht bekanntesten Kneipe St. Paulis, dem »Silbersack«.

7 »SILBERSACK«

Der »Silbersack« ist eine Hamburger Institution (Abb. 23, vgl. Exkurs »Geschichte der Kneipen«). Die Kneipe wurde 1949 von Erna und Fritz Thomsen eröffnet, die in viel Eigenarbeit ein Holzhaus mit »Trümmerstein«-Anbau und Bierkeller auf das Grundstück stellten und es 1952 kauften. Mehrere Zimmeranbauten Anfang der 1950er Jahre ermöglichten es, dass Thomsens und später einige Angestellte hier auch wohnen konnten. Schnell wurde die Kneipe zu einer beliebten Hafenarbeiter- und Seemannskneipe, in der es häufig zu Schlägereien kam, weshalb 1950 ein »Portier«, in heutiger Sprache: ein Türsteher, engagiert wurde.

In den 1950er und 1960er Jahren war der Silbersack ein recht familiärer Ort. Für einige Seeleute war die Kneipe so etwas wie ein Zuhause, und Erna verwaltete während deren Hamburg-Besuchen gar ihre Heuer und ihre Papiere. Nach dem Tod ihres Mannes 1958 führte Erna die Kneipe allein weiter. Die Folgen des Strukturwandels in der Hafen-, Seefahrts- und Fischereiwirtschaft seit den 1970er Jahren bekam allerdings auch der Silbersack zu spüren. Am Ende konnte er sich wohl auch darum behaupten, weil er einen gewissen Kultcharakter entwickelte und nicht zuletzt für viele Prominente eine wichtige Anlaufstelle war. Vor allem die mit Schlagern bestückte Jukebox sorgte immer wieder für laute Gesänge und Tanzeinlagen.

23 BIERDECKEL AUS DEM SILBERSACK

2012 starb Erna Thomsen, die noch mit über achtzig Jahren regelmäßig hinter dem Tresen gestanden hatte. Sah es zunächst so aus, als würde die Kneipe für immer schließen und das

Grundstück neu erschlossen und bebaut werden, so fand sich zuguterletzt eine Käufergemeinschaft aus Hamburger Immobilienunternehmern, die die Gaststätte neu verpachteten und dadurch eine authentische St. Pauli-Kneipe erhalten haben.

GESCHICHTE DER KNEIPEN

War es im Mittelalter üblich, oftmals unbezahlte Gastfreundschaft zu gewähren, so entwickelten sich Kneipen erst in der Neuzeit. Vor allem an der Einführung des Tresens Anfang des 19. Jahrhunderts ist die Kommerzialisierung ablesbar, denn er führte zu einer bis dahin nicht gekannten Trennung des Gastraums vom privaten Raum des Wirts.

Die sich im 19. Jahrhundert entwickelnde Kneipenkultur war vor allem eine Sache der Arbeiter und, im Falle St. Paulis, der Matrosen. In der Mitte des 19. Jahrhunderts änderten sich auch die Trinkgewohnheiten der Arbeiter. War bis dahin hochprozentiger Branntwein beliebt, so wurden zunehmend leichtere Getränke wie Bier, Punsch und Bowle genossen. Bier besaß eine höhere soziale Akzeptanz und wurde insbesondere von der organisierten Arbeiterschaft getrunken. In den 1860er Jahren setzte sich das Bier in den Kneipen mehr und mehr durch, als sich das sogenannte »baierische« Bier, untergäriges Lagerbier nach britischem Vorbild, zunehmend in Norddeutschland verbreitete. 1864 braute die Aktien-Bier-Brauerei auf St. Pauli, in der später die Marke »Astra« gebraut werden sollte, als erste Brauerei Hamburgs dieses Bier. Die St. Pauli-Zeitschrift »Reform« bemerkte zum »baierischen« Bier 1868:

SEEMANNSSCHÄNKE, 1896

»Noch vor 30 Jahren war in Norddeutschland der Branntweinverbrauch im Volke sehr verbreitet, Betrunkene konnte man in den großen Städten täglich sehen. Gegenwärtig ist ein Betrunkener selbst in den deutschen Seestädten eine Seltenheit. Wenig Reformen möchten soviel zur Hebung der Sittlichkeit in Norddeutschland beigetragen haben, wie die Einführung des baierischen Bieres.«

Im 19. Jahrhundert entwickelten sich ganz unterschiedliche Kneipenformen: einfache Kellerkneipen, meist ohne Sitzgelegenheiten, die manches Mal auch als Arbeitsvermittlungsstellen dienten; kombinierte Schankstuben mit Lebensmittelverkauf (»Detailhandel«), die im Volksmund auch »Köminseln« oder »Lütt un Lütt« hießen – wegen der häufig an diesen Orten konsumierten Kombination von einem Korn (Plattdütsch: »Köm«) und einem kleinen (Plattdütsch: »lütten«) Bier; Stamm- und Eckkneipen, die reine Männerwelten waren und quasi als erweitertes Wohnzimmer dienten, oft reich geschmückt und geheizt – was für die Wohnungen oft nicht galt; und dann noch große Musikhallen (»Music-Halls«) und Versammlungssäle, in denen auch Unterhaltungsshows und politische Veranstaltungen stattfanden.

»ASTRA«-BIERDECKEL

Auf St. Pauli wurden die Kneipen zudem häufig von den Seeleuten mitgestaltet, indem diese Souvenirs aus der weiten Welt zur Verschönerung der Gaststätten in der Heimat mitbrachten. Gerade die Matrosen fielen auf St. Pauli durch übermäßigen Alkoholkonsum auf, wie der »Hamburger Beobachter« 1848 bemerkte:

»Ein aus dem holsteinischen gebürtiger Matrose, welcher kein Schiff, aber einiges Geld hatte, das ihm augenscheinlich schwer in der Tasche war, gebrauchte das probateste Mittel, um sich zu erleichtern, indem er in St. Pauli von einem Schenklokal zum anderen ging.«

Kneipen waren, abgesehen von den »Detailhandlungen«, vor allem Männersache. Frauen arbeiteten zwar manches Mal als Wirtinnen hinter dem Tresen, wurden ansonsten aber nur am Wochenende mitgenommen. Dann ging es oft mit der ganzen Familie in die Biergärten, Tanzsäle, Theater und Musikhallen St. Paulis.

Wir wenden uns nun nach rechts und gehen zurück zur Reeperbahn, die wir überqueren und nach links weitergehen, bis wir auf der linken Seite des Gehwegs einen alten, massiven Laternenpfosten erreichen.

8 GRENZPFOSTEN NOBISTOR

Der gusseiserne Laternenpfahl aus den 1840er Jahren markiert die einstige Staatsgrenze zwischen Hamburg und Dänemark, die hier zwischen 1640 und 1864 verlief (Abb. 24). An dieser Stelle haben wir nun also St. Paulis Grenze nach Altona beim früheren Nobistor erreicht. An der Vorderseite ist der Pfeiler mit den Insignien König Christians VIII. von Dänemark verziert, an der Rückseite prangen das Wappen von Altona und die Inschrift »Nobis bene« (»Uns Gutes«). Schaut man in den gegenüberliegenden langen Eingangsbereich, der zu einem Bordell führt, so lässt sich gut erkennen, dass hier einmal ein Grenzgang verlief. Nachdem Altona an Preußen gefallen war, befand sich hier bis 1938 weiterhin eine Grenze, nun jene zwischen Preußen und Hamburg. Diese Grenze hatte eine weitreichende Bedeutung, denn in Altona erlangten viele Menschen seit dem frühen 17. Jahrhundert eine gewisse persönliche Freiheit.

Hier konnten sich zahlreiche Zuwanderer, die im streng protestantischen Hamburg aufgrund ihres Glaubens nicht erwünscht waren, ansiedeln, ihre Religion offen ausüben und ihrem Gewerbe nachgehen. Die Lage an der Elbe und die Nähe zur Handelsmetropole Hamburg machten Altona zudem als Standort für Handelsfirmen attraktiv. Die Gewährung von Rechten geschah dabei von Altonaer Seite durchaus nicht nur uneigennützig oder aus gelebter Toleranz, denn die regierenden Schauenburger Grafen und später die dänischen Könige ließen sich ihren Schutz und die gewährten Freiheiten gut bezah-

24 GRENZPFOSTEN AM FRÜHEREN NOBISTOR, 2004

len. Noch dazu lag das privilegierte Gelände etwas abseits des eigentlichen Altonaer Ortskerns, weil die dortige Bevölkerung die neuen Bürger nicht nur freudig begrüßte. Das Grenzgebiet zwischen Altona und St. Pauli rund um die nur wenige Meter westlich des Grenzpfahls in die Reeperbahn einmündende Straße »Große Freiheit« war es vor allem, in dem sich Juden, Mennoniten oder Katholiken ansiedelten und ihre Gotteshäuser errichteten. Durch die dänische Protektion konnte Altona sich im 18. Jahrhundert zu einer prosperierenden Kaufmannsstadt entwickeln, die dem viel größeren hanseatischen Nachbarn zu einer ernsthaften und ungeliebten Konkurrenz erwuchs (mehr zur Geschichte Altonas im Altona & Ottensenbuch in dieser Buchreihe).

Also gehörte die Große Freiheit, in die wir gleich einbiegen, ursprünglich gar nicht zu St. Pauli. Erst in der Nazi-Zeit wurde mit der Eingemeindung Altonas nach Hamburg im Rahmen des »Groß-Hamburg-Gesetzes« 1937/38 auch eine neue Stadtteilgrenze beschlossen, und Altona verlor das Gebiet der »Freiheiten«. Bis dahin hatte die Grenze zwischen den beiden Städten eine praktische Bedeutung, lange Zeit etwa als Zollgrenze. Auch im Alltag konnte sie sehr profane Vorteile haben. Kam es auf der Altonaer Seite zum Beispiel nach einem Kneipenbesuch in der Großen Freiheit zu Schlägereien (was häufiger vorkam) und die wenig zimperlichen preußischen Ordnungskräfte stürzten sich ins Getümmel, flohen die Kontrahenten des Öfteren über die Grenze nach Hamburg. Quasi aus dem »Ausland« mussten sich die Beamten sodann manche Pöbelei und Unflätigkeit gefallen lassen, ohne dass sie die Übeltäter weiter verfolgen konnten.

Wir gehen nun wenige Schritte weiter Richtung Altona und gelangen zum Beatles-Platz, der seit 2008 daran erinnert, dass die Beatles vor ihrem internationalen Durchbruch zwischen 1960 und 1962 Hunderte Konzerte in Hamburger Clubs spielten. Etwas abseits der anderen Bandmitglieder steht die Skulptur, welche Stuart Sutcliffe, den fünften »Beatle«, darstellt. Er war 1961 aus der Band ausgestiegen, blieb in Hamburg und starb hier nur ein knappes Jahr später mit 21 Jahren.

Zum Schluss der Tour schlendern wir nun die Große Freiheit hinunter.

9 GROSSE FREIHEIT

Wie bereits beschrieben, verdanken die Große Freiheit und die nahegelegene Kleinc Freiheit ihre Namen nicht den seit vielen Jahrzehnten an diesem Ort praktizierten und ausgestellten sexuellen Freiheiten, sondern ihrer besonderen Geschichte als Ort gewerblicher und religiöser Freiheiten. Heute wird die Straße von Strip-Bars unterschiedlichen Niveaus, Tanz-Clubs und Live-Musik Venues (Große Freiheit 36, Gruenspan, Indra) dominiert. Dazwischen finden sich zum Teil alteingesessene Kneipen (Gretel & Alfons), Imbisse und eine bekannte Karaoke-Bar (Thai-Oase).

Doch bereits im 19. Jahrhundert war die Große Freiheit von zahlreichen Vergnügungs- und Tanzlokalen, Cafés und Theatern geprägt, in denen sich die einfacheren Leute amüsieren konnten. Hier kehrten Kutscher und Matrosen, Dienstmägde und Handwerksgesellen, »Wollmäuse« (Plätterinnen) und »Kaffeemietjes« (Kaffee-Verleserinnen) zu Musik und Tanz ein.

Ab 1900 wurde die Straße dann immer mehr zu einer reinen Amüsiermeile. Ein wichtiges Etablissement war zu jener Zeit ein »Hippodrom«, wo man im Keller des Hauses an der Ecke Schmuckstraße für wenig Geld ein paar Runden auf einem Pferd drehen und sich der Lächerlichkeit preisgeben konnte (Abb. 25). Star des Hippodroms war das lachende und biertrinkende Pferd »Fanny«. Interessant war das Hippodrom aber vor allem auch, weil die Männer dort auf wogende Busen und hochrutschende Röcke der Damen schauen konnten:

> »[...] Und dann die jungen Mädchen. Sie sorgen dafür, dass Lust und Freude auf St. Pauli nicht zu Ende gehen. Sie thronen natürlich nur im Herrensitz auf dem Pferderücken. Die Kleidchen sind kurz, schieben sich beim Reiten höher und höher, die schönen Beine scheinen immer länger zu werden, der Galopp lässt die Brüste tanzen, ein Strumpfband reißt, und die Musik verkriecht sich wieder schämig unter dem Hoih-Hoh der Zuschauer. Doch die schöne Amazone hat das Jagdfie-

> ber bekommen […] und was nun folgt, gehört zum Clou des Abends. Wie die wilde Jagd geht es im Kreis herum, die Haare des Mädchens lockern sich, flattern um das glühende Gesicht, umwehen die blanken lachenden Augen, und hin und wieder springt ein gellender Ruf von den roten Lippen. Weiter, weiter geht die Runde, immer wilder, schon längst leuchtet eine Handbreit des nackten Oberschenkels zwischen Strumpf und Kleid hervor, aber daran mag sich der Teufel stoßen, die Zuschauer freuen sich nur, lachen und klatschen Beifall.« (zit. n. Thinius 1975, S. 116 f.)

In den 1920er Jahren kamen dann auch bereits die ersten Striptease-Lokale auf, ehe sich die Straße in der Nachkriegszeit zu einer reinen Sexmeile entwickelte. War eine Attraktion der 1950er Jahre noch das Schlammcatchen stämmiger halbnackter Damen und existierte sogar bis Ende der 1960er Jahre noch ein Hippodrom, so bestimmten seit den 1960er Jahren Großbordelle und Live-Sex-Shows, von denen die ersten Komplett-Strips und die ersten Live-Kopulations-Shows der Bundesrepublik überliefert sind, die Atmosphäre. Ende der 1960er hatte sich eine regelrechte Sexindustrie mit etwa 1300 Prostituierten auf St. Pauli etabliert, und die Sex-Shows in der Großen Freiheit waren nun so beliebt, dass die Leute Schlange stehen mussten, um in die Etablissements zu kommen.

25 HIPPODROM, UM 1900

Doch waren die 1960er Jahre auch das Jahrzehnt der Live-Musik in der Großen Freiheit. Bereits seit 1960 gab es Beat und Rock'n'Roll im Indra, wo die Beatles das erste Mal in Hamburg auftraten, oder im Kaiserkeller. Die wichtigste Live-Bühne war jedoch

26 DIE RATTLES IM STAR-CLUB, 1960ER JAHRE

zwischen 1962 und 1969 der Star-Club, zu jener Zeit der bedeutendste Beat- und Rock-Club Deutschlands. Er befand sich in einem heute nicht mehr existenten Gebäude in der Großen Freiheit 39 und sah Auftritte fast aller berühmten Bands und Musiker der Zeit wie Bill Haley, Jimi Hendrix, Ray Charles, Jerry Lee Lewis oder der Beatles (Abb. 26, siehe auch Gedenkstein im Hof). In einem Reiseführer von 1968 wird der Star-Club wie folgt beschrieben:

»Von der Bar überschauen Sie die stufenförmig abfallenden Tischreihen, das ständige Kommen und Gehen, die wogende Tanzmanege und die bühnenhoch darüber tobenden Hexenmeister an Gitarre und Schlagzeug. Schallmauer-Durchbrüche sind sanftes Säuseln dagegen. ›Let's go‹ – Donnerschläge – ›Let's go‹ – ekstatischer Bewegungszwang! Jugend aus allen Schichten [...] viel hübsche Mädchen, viel langes Haar (nicht jede Innenrolle krönt hier holde Weiblichkeit), viel Coca und viel, viel Lärm.«

Der Star-Club war 1962 von Manfred Weissleder, zuvor Betreiber eines Sex-Kinos im Hinterhof, eröffnet worden. In dem Gebäude hatte sich in der Weimarer Zeit der »Sternensaal« befunden, ein vornehmlich von Arbeiter-Jugendlichen besuchter Tanzschuppen, in dem auch einmal der KPD-Vorsitzende Ernst Thälmann gesprochen hatte. In den 1940er Jahren beherbergte das Haus eine Großküche und von 1949 bis 1962 das Kino »Stern-Lichtspiele«. Mit dem Star-Club frönte Weissleder seiner persönlichen Musikleidenschaft, auch wenn der Club zunächst wohl nur als der polizeilich geforderte Notausgang für Weissleders Sex-Etablissements im dahinterliegenden Hof eröffnet wurde.

Nur einige Meter weiter steht bis heute eine katholische Kirche, die noch an die alte Bestimmung der Gegend erinnert. Die St.-Joseph-Kirche wurde von 1718 bis 1723 durch den Architekten Melchior Tatz als barocker Bau errichtet. Im Zweiten Weltkrieg zerstört, wurde sie danach in vereinfachter Gestalt wieder aufgebaut. Viele Gottesdienste hier sind sehr gut besucht, da sie in polnischer Sprache abgehalten werden und so viele Menschen aus einem größeren Einzugsgebiet anziehen (Abb. 27).

27 POLNISCHSPRACHIGE BOTSCHAFTEN VOR DER ST. JOSEPH-KIRCHE

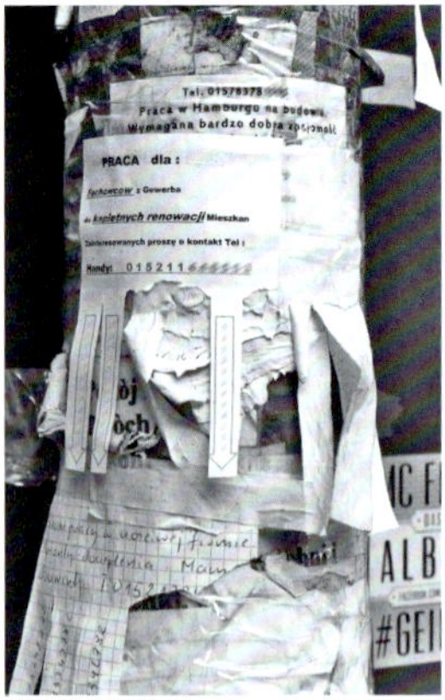

Jenseits der Simon-von-Utrecht-Straße geht die Große Freiheit noch ein Stück weiter. Hier fällt als erstes die von Werner Nöfer und Dieter Glasmacher bemalte Fassade des Gruenspan in bunten Farben auf (Abb. 28). Das Gruenspan wurde 1968 eröffnet und schnell zum Zentrum der Hamburger Psychedelic- und Hippie-Kultur. Hier konnten Besucher erstmals allein tanzen, ein Trend, der zur Discokultur und zum Niedergang der Live-Musik-Szene auf St. Pauli zwischen Ende der 1960er und Mitte der 1980er beitrug. Ab 1989 wurde das Gruenspan ein wichtiger Wegbereiter für Techno in Hamburg und ist heute vor allem ein Ort für Live-Konzerte. Links daneben befindet sich das schon erwähnte Indra, wo bereits in den 1930er Jahren Tango- und Rumba-Konzerte besucht werden konnten.

28 FASSADENDEKORATION DES GRUENSPAN

Schräg gegenüber an der Großen Freiheit 73/75 befindet sich noch ein Gebäudeensemble aus dem 18. und 19. Jahrhundert, das ehemals von der mennonitischen Gemeinde als Pastorat und Küsterhaus genutzt wurde. Ein hoher Schornstein auf der östlichen Straßenseite ist hingegen das Relikt einer ehemaligen Fischräucherei.

Hier endet unser erster Rundgang durch das Herz von St. Pauli. Wer mag, kann sogleich am Ende der Großen Freiheit in den zweiten Rundgang einsteigen oder zur S-Bahn-Station an der Reeperbahn zurückgehen. Von dort können wir auch mit dem dritten Rundgang weitermachen und diesen rückwärts abschreiten.

Wer nun Lust bekommen hat, sich einmal persönlich durch St. Pauli führen zu lassen, kann dies jeden Donnerstag, Freitag oder Samstag bei einem »St. Pauli-Quickie« von Stattreisen Hamburg tun (www.stattreisen-hamburg.de).

BARS / KNEIPEN / NACHTLEBEN

Cobra Bar
Friedrichstraße 29
www.cobra-bar.de
→ *Punkrock-Kneipe*

3-Zimmer-Wohnung
Talstraße 22
www.drei-zimmer-wohnung.de
→ *Daddeln, Kickern, Chillen in Wohnzimmeratmosphäre*

Gretel & Alfons
Großen Freiheit 29
→ *solide Kneipe, in der schon die Beatles tranken*

Hasenschaukel
Silbersackstraße 17
www.hasenschaukel.de
→ *Kneipe und leisere Konzerte*

Herzblut
Reeperbahn 50
www.herzblut-st-pauli.de
→ *Großraum-Gastronomie im Herzen des Kiez*

King Calavera
Hans-Albers-Platz 1
→ *Punk'n'Roll-Kneipe*

Lehmitz
Reeperbahn 22
→ *Absturz-Kneipeninstitution auf der Reeperbahn mit sehr langem Tresen, regelmäßig Live-Musik*

Queen Calavera
Gerhardstraße 7
www.queencalavera.de
→ *Burlesque-Tanzbar*

Ritze
Reeperbahn 140
www.zur-ritze.com
→ *Kiez-Kneipe mit berühmtem Eingang und Boxkeller*

Schlemmereck
Hamburger Berg 27
→ *oldschool St. Pauli-Kneipe*

Silbersack
Silbersackstraße 9
→ *klassische Arbeiter- und Matrosenkneipe mit Promi-Bonus und Schlager-Jukebox*

CAFÉS / RESTAURANTS

Cafés Seilerstraße
→ *In der Seilerstraße haben sich in den letzten Jahren mehrere Cafés etabliert, z.B. das Glöe, das Lieblings (mit einer großen Eisauswahl) und eine Filiale des Café May.*

Deniz Imbiss
Talstraße 27
➜ *türkische Imbissstube mit leckeren Pide*

Freudenhaus
Hein Hoyer-Straße 7-9
www.stpauli-freudenhaus.de
➜ *feine deutsche Küche in plüschigem Ambiente*

Man Wah
Spielbudenplatz 18
➜ *authentisches chinesisches Restaurant*

Pauli Pizza
Talstraße 22
➜ *coole Stehtisch-Pizzeria*

Weisse Maus
Taubenstraße 13
www.weissemaus.de
➜ *Bar und Speiselokal*

Zuckermonarchie
Taubenstraße 15
www.zuckermonarchie.de
➜ *Cupcakes und andere süße Dinge*

LÄDEN

Aladin Center
Reeperbahn 89
www.aladin-center.de
➜ *türkisches Krimskrams-Paradies*

Boutique Bizarre
Reeperbahn 35
www.boutique-bizarre.de
➜ *unschmuddeliges Erotikkaufhaus*

Condomerie Hamburg
Spielbudenplatz 18
www.condomerie.de
➜ *erster Kondomladen Deutschlands, große Auswahl an Scherzkondomen*

Strips & Stories
Seilerstraße 40
www.strips-stories.de
➜ *Fachgeschäft für Graphic Novels und Comics*

HOTELS

A&O
Reeperbahn 154
www.aohostels.com/de/hamburg/hamburg-reeperbahn
➜ *einfaches Hostel*

Cityhotel Monopol
Reeperbahn 48
www.smartcityhotel.com / monopol
→ *flottes Drei-Sterne-Hotel inmitten des Trubels*

East
Simon-von-Utrecht-Straße 31
www.east-hamburg.de
→ *Designhotel in ehemaligem Fabrikgebäude*

FREIZEIT / SPORT

Olivias wilde Jungs
Große Freiheit 32
www.olivia-jones.de
→ *Männerstrip, nur für weibliche Gäste*

Safari
Große Freiheit 24-28
www.safaricabaret.com
→ *früher Vorreiter, heute eher altmodische Live-Sex-Show*

Susis Show Bar
Große Freiheit 3
www.susis-show-bar.de
→ *Stripbar der neueren Machart*

Thai-Oase
Große Freiheit 38-40
www.thaioase-hamburg.de
→ *brummende Karaoke-Bar*

KULTUR

Große Freiheit 36
Große Freiheit 36
www.grossefreiheit36.de
→ *Konzert-Venue und Tanz im Kaiserkeller*

Gruenspan
Große Freiheit 58
www.gruenspan.de
→ *Psychedelic-Disco turned Music-Club*

Hamburger Schulmuseum
Seilerstraße 42
www.hamburgerschulmuseum.de
→ *Ausstellung zur Schulgeschichte und Programme für Schulklassen*

Indra
Große Freiheit 64
www.indramusikclub.com
→ *traditionsreicher Live-Musik-Club*

Mojo-Club
Reeperbahn 1
www.mojo.de
→ *Dancefloor-Jazz-Club*

Molotow
Spielbudenplatz 5
www.molotowclub.com
→ *Rock'n'Roll-Club an zurzeit wechselnden Standorten*

Operettenhaus
Spielbudenplatz 1
www.stage-entertainment.de
→ *Musical-Theater mit Tradition*

Panoptikum
Spielbudenplatz 3
www.panoptikum.de
→ *Wachsfiguren seit 1879*

Prinzenbar
Kastanienallee 20
www.prinzenbar.net
→ *verschnörkelte Bar mit Live-Musik und Partys*

Schmidt Theater / Schmidts Tivoli
Spielbudenplatz 24-28
www.tivoli.de
→ *Comedy, Musical, Theater*

St. Pauli Museum
Davidstraße 17
www.kiezmuseum.de
→ *privat betriebenes Stadtteilmuseum*

St. Pauli-Theater
Spielbudenplatz 29-30
www.st-pauli-theater.de
→ *ältestes Theater des Stadtteils*

SOZIALES / NON-PROFIT

Gartendeck
Große Freiheit 62–68
www.gartendeck.de
→ *urbanes Gemeinschaftsfeeling beim Gemüseziehen*

Heilsarmee
Talstraße 13
www.heilsarmee.de / hamburgkorps
→ *christliche Sozialarbeit*

Kinder- und Jugendtagesstätte Silbersack
Silbersackstraße 14
www.silbersack-pauli.de
→ *offene Jugendarbeit für den Stadtteil*

Kurverwaltung St. Pauli e.V.
www.kurverwaltungstpauli.de
→ *soziales Engagement und Stadtteilführungen für den »Kurort St. Pauli«*

Stattreisen Hamburg e.V.
www.stattreisen-hamburg.de
→ *seit 25 Jahren Stadtführungen über den Kiez*

ZWISCHEN SCHANZE & KIEZ 2

Heiligengeistfeld * Bunker * Neuer Pferdemarkt / Beim Grünen Jäger * Schiller-Oper * Thadenstraße / Wohlwillstraße / Paulinenplatz * Friedenskirche * Paul-Roosen-Straße * Talstraße / Schmuckstraße * Israelitisches Krankenhaus * Clemens-Schultz-Straße * Millerntor-Stadion

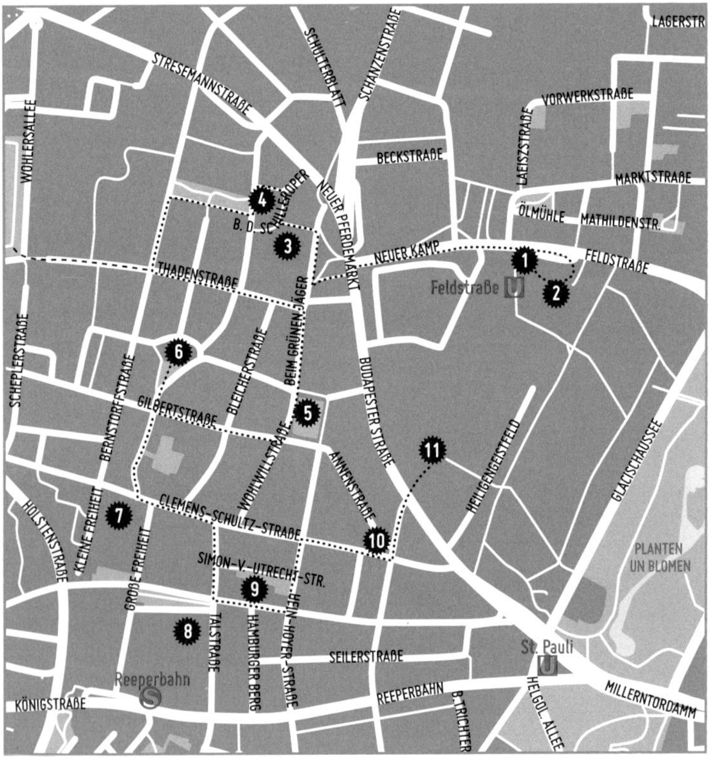

STARTPUNKT: U-Bahn-Station Feldstraße
ENDPUNKT: U-Bahn-Station St. Pauli
DAUER: etwa 1,5 Stunden

Auf dieser Tour geht es um einen Teil St. Paulis, der etwas weniger bekannt ist, nämlich die Gegend zwischen den hippen »Nordpolen« Karolinen- und Schanzenviertel sowie dem touristischen »Südpol« rund um die Reeperbahn und entlang der Hafenkante. Es ist dies auch die etwas ruhigere Seite des Stadtteils, in dessen Westteil vornehmlich gewohnt wird und in dessen östlichem Teil viele Monate des Jahres oft herzlich wenig passiert. Gemeint ist das Heiligengeistfeld, die riesige Freifläche mitten in der Stadt, die nur zeitweilig für große Veranstaltungen genutzt wird.

Unser Rundgang beginnt an der U-Bahn-Station Feldstraße, die auch Endpunkt des vierten Rundgangs und Startpunkt des fünften Rundgangs ist, und endet am Millerntorplatz, dem Startpunkt des ersten Rundgangs.

1 HEILIGENGEISTFELD

Begeben wir uns als Erstes einige Meter neben dem Eingang der U-Bahn-Station auf das Heiligengeistfeld in Richtung Bunker. Sollte gerade nicht der Hamburger Jahrmarkt, »Dom«, stattfinden, so hat man hier einen schönen Blick auf das massive Relikt aus dem Zweiten Weltkrieg sowie nach Süden in Richtung Millerntor-Stadion (vgl. Station 11). Dahinter lassen sich auch bereits die modernen Bürogebäude am Millerntorplatz ausmachen, an denen unsere Tour enden wird.

Wie der Name der großen Freifläche bereits andeutet, hat sie eine kirchliche Vergangenheit und gehörte als Weideland dem in der Altstadt nahe der heutigen Heiligengeistbrücke am Alsterfleet gelegenen »Hospital zum Heiligen Geist«. Mit dem Festungsbau im 17. Jahrhundert wurde das Areal etwas verkleinert und blieb als freies Schussfeld vor den Wallanlagen (»Glacis«, vgl. Rundgang 6) weiterhin unbebaut. Dies änderte sich

1 HAMBURGER DOM, 1906

interessanterweise auch nicht mit der Aufhebung der Torsperre 1861 und dem massiven Bevölkerungswachstum Hamburgs in der zweiten Hälfte des 19. Jahrhunderts. Seit dem späten 19. Jahrhundert wird die Fläche vor allem regelmäßig für den »Dom« genutzt, das Hamburger Volksfest, welches seinen Ursprung im Markttreiben rund um den katholischen Hamburger Dom hat, der sich auf dem Gelände des heutigen Domplatzes in der Innenstadt befand und in den Jahren 1804 bis 1807 abgerissen wurde. Dreimal im Jahr findet der Dom seit 1948 statt – und dann immer gleich für vier Wochen. Insgesamt bald ein Vierteljahr kann man also hier übers Jahr mit Achterbahnen durch Loopings rasen, sich mit stampfenden Disco-Knallern am Auto-Scooter bedröhnen lassen, die Aussicht aus dem Riesenrad genießen oder »Gewinne, Gewinne, Gewinne!!!« an der Losbude einsacken (Abb. 1). Seit 1668 war der Weihnachtsmarkt bei der großen Hallenkirche »Domzeit« genannt worden. Findet gerade kein Dom statt, so wird und wurde die Fläche immer auch für andere Dinge genutzt. Hier exerzierte das Bürgermilitär und fanden »Völkerschauen« statt. Der Platz sah Antikriegsproteste im Ersten Weltkrieg und revolutionäre Kundgebungen an dessen Ende. Hier ließen die Nazis die Massen aufmarschieren und wurden Turnfeste und große Sportveranstaltungen zelebriert. Heute weitgehend vergessen ist zum Beispiel, dass Hamburg und seine Nachbarstadt Altona einst Hochburgen des Eisschnelllaufs waren und auf dem Heiligengeistfeld 1891 die ersten Europameisterschaften in dieser Sportart stattfanden. Noch heute schlagen hier Zirkusse ihre Zelte auf, und große »Events« finden eine temporäre Heimat. Ein Kuriosum ist die Existenz eines SPD-Distrikts »Heiligengeistfeld«, dessen Mitglieder ausschließlich Schausteller sind, und zwar nicht nur aus Hamburg.

2 BUNKER FELDSTRASSE

Bis heute ist an der Feldstraße der klotzige Bunker erhalten geblieben, einer der massivsten Luftschutzbauten, die im Zweiten Weltkrieg entstanden (Abb. 2). Genau genommen handelt es sich um einen Luftschutz- und Luftabwehrbau, eine Kombination aus Hochbunker und Flugzeugabwehrgeschützstellung. Offiziell hieß dieser Gebäudetyp »Flakturm«. Er wurde zwischen 1942 und 1944 auf einer quadratischen Grundfläche von 75 mal 75 Metern aus Stahlbeton gebaut, ist 39 Meter hoch und hat dreieinhalb Meter dicke Wände sowie eine fünf Meter dicke Decke. Rund 18 000 Menschen konnten hier Schutz finden. Oft drängten sich aber wohl deutlich mehr Menschen in den Schutzräumen.

Ein zweites Bunkergebäude, der sogenannte Leitturm, auf dem verschiedene Ziel-, Mess- und Radargeräte positioniert waren, befand sich hinter dem heutigen Millerntorstadion und lieferte den Schützen auf dem »Flakturm« Informationen. Der »Flakturm« war autark und so ausgelegt, dass er selbst direkte Treffer durch abgeworfene Sprengbomben überstehen konnte. Er verfügte über eine eigene Strom- und Wasserversorgung, ein Krankenhaus und war gegen Giftgasangriffe geschützt.

Nach dem Krieg wurde er nicht gesprengt, was sicher auch sehr schwierig gewesen wäre, sondern einer neuen Nutzung zugeführt. Zunächst diente er als Wohnraum und wurde später als Luftschutzraum im Kalten Krieg betriebsbereit gehalten. 1990 wurde er verkauft und zu einem Medienzentrum umgebaut. Heute befindet sich hier vor allem ein großer Musikinstrumenten-Laden sowie der Musikclub Uebel & Gefährlich, sodass auch das Innere des Bunkers begutachtet werden kann.

Auch Mediengeschichte haben die beiden Bunker geschrieben: 1950 wurde aus dem 1973/74 abgerissenen »Leitturm« das erste Fernsehtestbild der deutschen Nachkriegszeit gesendet. Außerdem wurden dort im obersten Stockwerk ab Weihnachten 1952 vom Nordwestdeutschen Rundfunk die ersten regelmäßigen Fernsehprogramme produziert, darunter auch die ersten Sendungen der Tagesschau. Schon wenig später zog man in den größeren »Flakbunker« um, da dieser über eine Belüftungsanlage, größere Räume und eine bessere Ausstattung verfügte. Zuvor mussten die Sendungen oft bei von den Scheinwerfern erzeugten unerträglichen Temperaturen von bis zu über 60 Grad Celsius produziert werden. 1953 folgte schließlich der Umzug des NWDR in neue Räumlichkeiten in Lokstedt (vgl. Eimsbüttelbuch). Darüber hinaus nutzte Axel Springer unmittelbar nach dem Krieg Räume im »Flakturm«, um eine Hamburger Tageszeitung auf den Weg zu bringen, und begann von hier mit dem Aufbau seines Verlagsimperiums.

Wir gehen nun zurück zur Feldstraße und spazieren nach Westen in Richtung Neuer Pferdemarkt.

3 NEUER PFERDEMARKT/BEIM GRÜNEN JÄGER

Auf unserem Weg passieren wir linker Hand die ehemalige Rindermarkthalle, wo Tiere gehandelt wurden und von wo aus sie leicht zum gegenüberliegenden Schlachthof gebracht werden konnten. Jahrzehnte wurde die Halle von wechselnden Supermärkten genutzt. Pläne, an dieser Stelle eine Konzerthalle mittlerer Größe für Rock- und Popkonzerte zu bauen,

2+3 LUFTBILD DES BUNKERS NACH DEM KRIEG UND SAUERBERG-GARAGE

sind vorerst ad acta gelegt, und so wird es hier auch in den nächsten Jahren zu einer Einzelhandelsnutzung kommen. Zudem entstehen hier günstige Räume für Stadtteilinitiativen, und auch eine Moschee wird Räume im Obergeschoss nutzen.

Am Ende der Straße gehen wir geradeaus über die große Kreuzung und gelangen in eine kleine Grünanlage. Falls uns auf dem Weg einfallen sollte, dass wir noch dringend eine Schraube oder ein Werkzeug besorgen müssen, ist ein Abstecher nach links in die Budapester Straße 49 zum Eisenkrämer »Ferd. Schüllenbach« dringend anzuraten. Hier kriegt man noch einzelne Muttern und Schrankscharniere – nicht nur im Zehnerpack.

In einem ehemaligen Freizeitheim der Hitler-Jugend befindet sich im linken Teil des Grünstreifens seit einigen Jahren die Konzert- und Club-Location »Grüner Jäger«, wo immer wieder interessante Indie-Rock-Bands auftreten. Wir gehen geradeaus durch die kleine Anlage bis an die Straße und dann ein Stück nach rechts. Die Straße »Beim Grünen Jäger«, benannt nach einem früher hier gelegenen Wirtshaus, stellt die erste Etappe der Straßenachse zwischen dem Schanzenviertel und dem eigentlichen »Kiez« dar und hat einige interessante kleine Geschäfte angelockt. Die Sauerberg-Garage bei Hausnummer 11 war 1926 die erste Hochgarage Deutschlands und steht unter Denkmalschutz (Abb. 3). Auch bald denkmalwürdig ist der schmale Currywurst-Laden »Bei Schorsch«

einige Meter rechts daneben, der bei den Hamburgern wegen seiner hausgemachten Soße Kultstatus genießt.

Wir gehen nun aber durch den Torweg bei Hausnummer 10 A hindurch und gelangen zu einem der seltsamsten Relikte St. Paulis – nein halt! – Altonas. Grenzsteine im Straßenpflaster markieren bis heute: Hier verlassen wir Hamburg und gelangen auf das Territorium der bis 1937 selbständigen ehemaligen Nachbarstadt Altona, auf deren Gebiet die »Schiller-Oper« lag (Abb. 4). Heute gehört diese jedoch offiziell zum Stadtteil St. Pauli.

4 GRENZSTEIN GRÜNER JÄGER

4 SCHILLER-OPER

Die »Schiller-Oper« (Abb. 5+6) liegt bereits seit vielen Jahren ungenutzt und hinter der Bebauung zur Straße hin versteckt. Kaum etwas verrät noch ihre alte Bestimmung als festes Zirkusgebäude, das 1891 von Paul Busch (1850–1927) als Konkurrenz zum »Circus Renz« eröffnet wurde, der 1889 seinen festen Standort in einem großen Gebäude beim Spielbudenplatz bezogen hatte (vgl. Rundgang 1). Die Schiller-Oper war ein als »moderne Wellblechkonstruktion« erbautes einfaches Zirkusgebäude, und die gezeigten Programme waren technisch gut, laut dem Zirkus-Theoretiker Jewgeni Kusnezow inhaltlich jedoch »raffinierte Machwerke chauvinistisch-militaristischer Propaganda«. Bis zu 3000 Menschen fanden im Inneren Platz. Vor allem Arbeiter aus der Gegend strömten in den runden Publikumsraum. Zeitweilig konnte die Manege abgesenkt und für sogenannte Wasserpantomime aus einem Reservoir mit Wasser gefüllt werden. 1905 wurde der runde Stahlskelettbau zum Theater umgebaut und hieß nun aus Anlass von Schillers 100. Todestag »Schiller-Theater«. In der Folge wurden hier Opern, Revuen und Theaterstücke, unter anderem von Arbeiter-Laien-Spielgruppen, aufgeführt. 1932 erfolgte die Umbenennung in »Schiller-Oper«, und in den 1930er Jahren zeigte sich das Programm sehr disparat. Der Inszenie-

5 SCHILLER-OPER HEUTE

rung eines Dramas von Joseph Goebbels standen Aufführungen moderner Kompositionen von Paul Hindemith oder Ernst Krenek gegenüber, und Franz Léhar dirigierte hier 1939 seine Operette »Giuditta«. Im selben Jahr wurde die Schiller-Oper geschlossen, da sie nicht über einen Luftschutzkeller verfügte. Nach dem Krieg wurde ein regelmäßiger Theaterbetrieb nicht wieder aufgenommen, und seit vielen Jahrzehnten steht das Gebäude leer. Nur die Versorgungsanbauten rundherum wurden zeitweilig noch genutzt, zum Beispiel zur Unterbringung von bei Blohm+Voss beschäftigten »Gastarbeitern«, später auch für Asylbewerber sowie einige Jahre durch Gastronomie. Immer wieder gab es Pläne für das Areal, doch weder eine gigantische Autowerkstatt noch ein Kino, ein Hotel, eine Grünanlage oder ein Kongresszentrum wurden je verwirklicht.

6 BÜHNENRAUM DER SCHILLER-OPER, UM 1920

Weiter geht es nun durch den Lerchenstieg zur Bernstorffstraße, in die wir nach links einbiegen.

Es ist heute kaum mehr vorstellbar, dass sich in diesem Bereich der Stadt zwischen der heutigen Stresemannstraße und der Thadenstraße bis in die Gründerzeit noch Gärten befanden, in denen Weizen, Obst und Gemüse angebaut wurden. In der Bernstorffstraße sind noch einige einfache Wohnhäuser aus der Zeit um 1860 erhalten (Hausnummern 121–141).

Kurz vor der Kreuzung mit der Thadenstraße passieren wir rechter Hand das Studio-Kino. Es befindet sich seit 1929 in der umgebauten Werkshalle einer Spiegelfabrik und erlebte seine erste Nutzungsphase bis 1961. Fast dreißig Jahre stand das Kino ungenutzt leer, ehe es 1989 wiedereröffnet wurde. Seither werden hier Filme gezeigt, die meist kein Massenpublikum erreichen. Weitere zwei Male musste das Kino schließen, konnte aber stets nach einer Weile den Betrieb wieder aufnehmen.

Wir biegen nun links in die Thadenstraße ab. Wer bereits jetzt ein bisschen Ruhe braucht, kann auch nach rechts die Thadenstraße hochgehen, um eine kleine Pause im Wohlerspark, dem ehemaligen Friedhof Norderreihe, einzulegen (vgl. Altona & Ottensenbuch).

5 THADENSTRASSE/WOHLWILLSTRASSE/PAULINENPLATZ

Die Kreuzung Thadenstraße / Wohlwillstraße ist abends oft sehr lebendig. Hier finden sich gleich mehrere gut besuchte Gaststätten und Geschäfte. Eine Institution ist beispielsweise »Mr. Kebab«, ein türkisches Imbiss-Restaurant, das sich seit über zwanzig Jahren hier befindet. Die Kneipen Kurhaus, Toast-Bar und Eldorado sowie das Restaurant Nil oder Frau Hedis Landgang, der landseitige Standort der erfolgreichen musikalischen Barkassenfahrten durch den Hafen mit »Frau Hedi«, ziehen regelmäßig Hunderte von Besuchern an.

Weiter geht es nun die Wohlwillstraße entlang. Auch hier offenbart sich St. Pauli wieder als dicht bebauter Wohnstadtteil. Vorbei an der Gewerbeschule »Werft und Hafen«, der traditionsreichsten Berufsschule Hamburgs, gelangen wir zum Paulinenplatz. In der Gewerbeschule gingen früher vor allem angehende Ewerführer und Hafenschiffer zum Unterricht. Heute spielen Ausbildungsberufe im Logistikbereich eine größere Rolle. Der benachbarte Paulinenplatz samt Kinderspielplatz ist eine der wenigen kleinen Ruheinseln im Stadtteil.

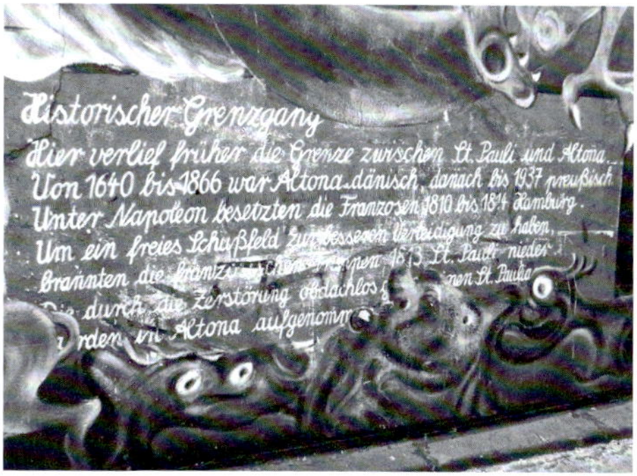

7 B-MOVIE/GRENZGANG

Eine weitere Institution des Stadtteils ist der Imbiss »Kleine Pause« an der Otzenstraße, wo »altes« und »neues« St. Pauli bei Pommes und Bier aufeinandertreffen. An der nächsten Ecke biegen wir nach rechts in die Brigittenstraße und kommen nach wenigen Metern auf der rechten Seite zum B-Movie, einem kleinen unabhängigen Kino, das seit 1987 von einem Verein betrieben wird und für seine ausgefallene cineastische Auswahl bekannt ist.

Im Eingangsbereich zum Hinterhofkino wird mit einem in schönster Schreibschrift auf dem Wandgemälde angebrachten Text auf die Grenze zwischen Hamburg und Altona hingewiesen, die hier einst verlief (Abb. 7). Sie ist noch an einigen weiteren Stellen im Stadtteil präsent und existierte hier in Form eines Grenzkontrollgangs.

Geradeaus geht es weiter bis zur zweiten Querstraße »Am Brunnenhof«. Bevor wir hier nach links abbiegen, lohnt sich aber ein Abstecher nach rechts zur Friedenskirche.

6 FRIEDENSKIRCHE

Die Friedenskirche (Abb. 9) wurde zwischen 1893 und 1895 als neogotisches Bauwerk vom Architekten Johannes Otzen (1839–1911) errichtet. Sie diente als zweite Kirche des Stadtteils für das nach 1860 entstandene Wohngebiet im nördlichen St. Pauli. Die Gegend rund um den Paulinenplatz wurde in den Jahren 1857 bis 1860 parzelliert und in den folgenden Jahrzehnten mit einer Mischung aus bürgerlichen Etagenmietshäusern sowie einfachen Hinterhofquartieren bebaut. Otzen war einer der bekanntesten Kirchenbaumeister seiner Zeit und ein Vertreter der »Hannoverschen Schule«. Diese von Conrad Wilhelm Hase (1818–1902) vom Polytechnikum in Hannover geprägte Baurichtung verband eine zeitgemäße, technisch moderne Konstruktion mit dem unverputzten Backsteinbau, in dem man das Wesen einer norddeutschen, aus dem Mittelalter herrührenden Bauweise zu erkennen vermeinte. Aus der Kombination dieser beiden Elemente sollte eine »wahre« Architektur hervorgehen. Im Hamburger Raum sind zahlreiche Bauten dieser Stilrichtung erhalten, insbesondere im Kirchenbau, aber auch im Nutzbau. Das bekannteste Beispiel ist sicher die Speicherstadt. In Altona gibt es noch zwei weitere Kirchen Otzens: St. Petri in der Schmarjestraße und St. Johannis bei der Sternbrücke (vgl. Altona & Ottensenbuch).

Die Friedenskirche wurde effektvoll auf einem kleinen Platz gebaut, auf den mehrere Straßen zulaufen, sodass sie als ein stadträumliches Zentrum wirkt. 1943 wurde die Kirche erheblich zerstört und in den 1950er Jahren lediglich im äußeren Erscheinungsbild weitgehend rekonstruiert. Im Inneren ist die ursprüngliche Form nach einer weiteren Umgestaltung in den 1990er Jahren kaum noch erhalten.

Südlich der Kirche erinnern ein Brunnen sowie die Straßennamen »Am Brunnenhof« und »Brunnenhofstraße« noch daran, dass sich hier einmal Quellen für die Frischwasserversorgung befanden. Da sich im Bereich der Hamburger Altstadt keine guten Quellen befanden, errichtete man seit dem 15. Jahrhundert Rohrsysteme, über die wohlhabende Hamburger Bürger sich sauberes Wasser zuleiteten. Über sogenannte Feldbrunnen-Leitungen aus ausgehöhlten Baumstämmen (Abb. 8) wurde das Wasser aus

8 WASSERROHR, 1770

Brunnen im Geestgebiet unter Ausnutzung des natürlichen Gefälles nach Hamburg geleitet, in diesem Fall in die Gegend um St. Katharinen. An den privaten Wasserhähnen lief das Wasser ständig in eine große Kumme (seemannssprachlich für Schüssel). Diese Feldbrunnen waren genossenschaftlich organisiert, und ein derartiger Anschluss war sehr teuer. Arme Leute waren in der Innenstadt auf das häufig verunreinigte Wasser aus den Fleeten angewiesen.

9 FRIEDENSKIRCHE, 1901

Rund um die Friedenskirche lässt sich erkennen, dass St. Pauli sich immer mehr zu einem beliebten Wohnviertel wandelt. An der Otzenstraße 26 wurde 2012 vor dem alten Bunker mit Übungsräumen für Musiker ein Neubau fertiggestellt, dessen Eigentumswohnungen sich preislich auf einem ähnlichen Niveau bewegen wie in manch schickerem Hamburger Stadtteil. Bis zu 4700 Euro wurden hier pro Quadratmeter verlangt.

Wir schlendern nun nach Süden die Straße »Am Brunnenhof« hinunter, die nach einer Linksbiegung in die Paul-Roosen-Straße einmündet.

7 PAUL-ROOSEN-STRASSE

Auch an der Paul-Roosen-Straße sowie der sich nach Osten anschließenden Clemens-Schultz-Straße lassen sich die Veränderungen des Stadtteils in den letzten Jahren gut erkennen. War der Straßenzug in den 1990er Jahren noch geprägt von Einzelhandel und Gaststätten, die in erster Linie

10 GRENZMARKIERUNG HAMBURG / ALTONA

auf die Versorgung der hier lebenden Bevölkerung zielten, so fallen heute Geschäfte ins Auge, die vor allem auf die Bedürfnisse der den Stadtteil durchschlendernden Besucher eingestellt sind: kleine Boutiquen, Lifestyle- und Schnick-Schnack-Läden oder schicke Kneipen und Restaurants.

Schräg gegenüber mündet die Große Freiheit ein, die neben der Reeperbahn die berühmteste Straße des Stadtteils ist und im ersten Rundgang näher beschrieben wird. An dieser Stelle besteht die Möglichkeit, in diesen Spaziergang einzuschwenken und ihn quasi von hinten zu absolvieren. Wenn wir allerdings nichts von unserer Tour verpassen möchten, gehen wir nun die Paul-Roosen-Straße weiter nach Osten, schließlich endet dieser Rundgang auch am Startpunkt des ersten Rundgangs.

Bevor wir an der nächsten Straßenecke rechts in die Talstraße einbiegen, passieren wir ein weiteres Mal die ehemalige Staatsgrenze zwischen Hamburg und Altona. Im Straßenbild ist sie noch an den Gebäuden Paul-Roosen-Straße 5 und 8 erkennbar. Beide weisen an den Ecken nach Osten Erker auf, obwohl hier keine Straße einmündet. Auch hier wird auf beiden Straßenseiten der Verlauf des früheren Kontrollgangs erkennbar, dessen Position auf der Straße und den Fußwegen im Pflaster und mit Grenzsteinen auf beiden Straßenseiten markiert ist (Abb. 10). Zudem finden sich am Erker der Hausnummer 8, also auf der Altonaer Seite, Porträtmasken, die mit preußischen Pickelhauben verziert sind.

Wir biegen nun in die Talstraße ab und spazieren bis zur nächsten Kreuzung.

8 TALSTRASSE/SCHMUCKSTRASSE

St. Pauli wurde im Zweiten Weltkrieg zu ungefähr einem Drittel zerstört. Erhaltene Gebäude mussten oft den Wiederaufbauplänen weichen. Dies ist auch der Grund, warum der Schmuckstraße, die gleich rechts von der Talstraße abgeht, ihre zweite Straßenseite fehlt, denn auf diese Weise konnte Platz für die Simon-von-Utrecht-Straße als neuer Straßenachse in Richtung Altona geschaffen werden. Vor dem Krieg war die Schmuckstraße eine enge Straße, die als Hamburger »Chinatown« bekannt war. Daran erinnert hier heute leider nichts mehr. »Chinatowns« entstanden in vielen westlichen Hafenstädten, wenn chinesische Seeleute abmusterten und versuchten, an Land ein Geschäft aufzubauen. Häufig waren sie auf Dampfschiffen als billige Arbeitskräfte an den Dampfmaschinen im Maschinenraum oder als Bordwäscher beschäftigt. Wäschewaschen galt den europäischen Männern als »weibliche« Tätigkeit, weshalb sie den Job an Bord nicht übernehmen wollten. Diese Qualifikation machte es den Chinesen nun möglich, auch an Land ein Geschäft zu eröffnen. Der Betrieb von Wäschereien und Restaurants wurde dort zu ihrer wirtschaftlichen Hauptaktivität.

Auch in Hamburg siedelten sich bereits vor dem Ersten Weltkrieg einige chinesische Männer an, die zumeist aus der Gegend von Shanghai und Canton stammten. Doch vor allem zu Beginn der Weimarer Zeit ließen sich zahlreiche Chinesen, wiederum fast ausschließlich Männer, in Hamburg nieder. Dies geschah auch deshalb, weil Deutschland nach dem Krieg als »billiges« Land galt, wo man sich schon mit wenigen »harten« Devisen die Eröffnung einer Gaststätte oder Wäscherei leisten konnte. Insgesamt ließen sich einige wenige Hundert Chinesen in Hamburg nieder, die meisten in der Schmuckstraße. Die Fremdheit der chinesischen Sprache und Kultur war den Behörden oft suspekt. Immer wieder wurden die Chinesen der Kriminalität bezichtigt, was – neben Opiumhöhlen, die tatsächlich existierten, zum Beispiel in der Hafenstraße oder am Pinnas-

11+12 CHINESISCHES RESTAURANT UND ARBEITER IN DER SCHMUCKSTRASSE, 1930ER JAHRE

berg – weitgehend unberechtigte Verdächtigungen waren. Insbesondere zwei unaufgeklärte Morde an Chinesen in den 1920er Jahren trugen dazu bei. Auch kursierten Gerüchte über ausgedehnte Tunnelbauten der Chinesen in der Schmuckstraße (vgl. Exkurs »St. Pauli Underground«, S. 72), die es jedoch nicht gab. In den Restaurants in der Schmuckstraße verkehrten zum größten Teil Chinesen, meistenteils Seeleute von den Schiffen, die vor Anker lagen. Da die Ladenschilder oft nur einsprachig chinesisch waren, kamen Deutsche hier nicht her (Abb. 11+12).

Partnerschaften von Chinesen mit deutschen Frauen kamen allerdings häufiger vor. Orte zum Kennenlernen waren beispielsweise eine Tanzschule in der Talstraße 45 oder das chinesische Lokal »Neu-China« (Abb. 13+14), wo es chinesisches Essen und Jazzmusik gab, und das Ballhaus »Cheong Shing« (»Große Mauer«) auf der Großen Freiheit. Aufgrund ihrer »Exotik« waren diese Lokale nicht zuletzt bei deutschen Bohemiens beliebt, worüber sich Berichte bei dem Ethnografen und Kunstsammler Rolf Italiaander oder dem Schriftsteller Max Tau finden.

Die Zeit des Nationalsozialismus bedeutete das Ende der Hamburger Chinatown. Zwar konnten viele Chinesen rechtzeitig fliehen, doch für jene, die blieben, bildete die sogenannte »Chinesenaktion« den traurigen

13+14 BALLHAUS »NEU-CHINA« UND PLAKAT »NEU-CHINA«

Schlusspunkt. Bei dieser Razzia im Mai 1944 wurden 130 chinesische Männer unter dem pauschalen Vorwurf der Spionage festgenommen. Sie wurden zunächst im Gestapo-Gefängnis in Fuhlsbüttel inhaftiert, ehe rund die Hälfte von ihnen ins Zwangsarbeitslager Wilhelmsburg eingewiesen wurde, wo KZ-ähnliche Zustände mit Misshandlungen und Unterversorgung herrschten. Ungefähr zwanzig chinesische Männer starben dort.

Nach dem Krieg entstand die kleine Hamburger Chinatown nicht wieder. Nur in der Straße »Hamburger Berg« existiert mit der in den 1920er Jahren von einem Chinesen gegründeten Hong-Kong-Bar noch ein letztes Überbleibsel dieser historischen Episode.

In der unmittelbaren Nachkriegszeit war die benachbarte Talstraße, in der sich heute vor allem Kneipen, Imbisse und schwule Kinos sowie Clubs befinden, das Zentrum des Schwarzmarkts vor der Währungsreform. In der Schmuckstraße existiert heute ein geduldeter Transsexuellen-Strich.

Unser Weg führt nun ein Stück weit die Simon-von-Utrecht-Straße nach Osten, wo wir bei dem großen alten Gebäude auf der linken Straßenseite haltmachen.

ST. PAULI UNDERGROUND

Im ganz wörtlichen Sinne dreht sich dieser Exkurs vornehmlich um das unterirdische St. Pauli und nicht um etwaige »Underground«-Bewegungen, seien sie musikalisch-künstlerischer oder gar politischer Natur – natürlich hätte St. Pauli auch in diesen Bereichen einiges zu bieten. Zu erinnern sei hier nur an die als »Hamburger Schule« in die deutsche Musikgeschichte eingegangene Szene einheimischer Bands wie »Die Sterne«, »Tocotronic« oder »Blumfeld« sowie das Umfeld der »Goldenen Zitronen« und des »Golden Pudel Clubs«, das sich auf den unterschiedlichsten Kunstfeldern betätigt. Auch die seit der Besetzung der Hafenstraße sehr lebendige Protestkultur gegen fremde Vereinnahmung des Stadtteils und Gentrifizierung könnte hier erwähnt werden nebst ihrem politischen Punkrock-Umfeld um Ikonen des Deutschpunks wie »Slime« oder »Razzia«.

Doch auch der physische Untergrund St. Paulis ist mehr als bloßes Erdreich. Denn auch wenn es im Chinatown der Schmuckstraße keine unheimlichen und unüberschaubaren Kellergewirre gegeben hat, so sind Grund und Boden unter dem Kiez doch von vielfältigen Räumen mit unterschiedlichen Funktionen, großen und kleinen Bauwerken durchzogen. An der zehnten Station dieses Rundgangs werden wir noch dem Eiskeller an der Stelle des früheren Pesthofs begegnen und im dritten Rundgang dem berühmten Elbtunnel. Zudem führen zwei Eisenbahntunnel der S- und U-Bahn durch den Stadtteil. Unterhalb des Spielbudenplatzes befindet sich darüber hinaus eine ausgedehnte Tiefgarage, für eine Großstadt vielleicht zunächst einmal kein ungewöhnliches unterirdisches Bauwerk. Allerdings war diese Tiefgarage ursprünglich ein großer, zweistöckiger Bunker, der im Zweiten Weltkrieg 5000 Menschen Schutz bot. Teilweise sollen sich bis zu 20 000 Menschen vor den Luftangriffen hierher geflüchtet haben. Heute können hier gut vierhundert Autos vor den Kiezgängern versteckt werden.

Ein weiterer größerer unterirdischer Bunker befindet sich am südlichen Ende der Helgoländer Allee unterhalb der Jugendherberge nahe den Landungsbrücken. Dabei handelt es sich um ein rundes dreistöckiges Bauwerk von 17 Metern Durchmesser, in dem gut sechshundert Menschen Platz fanden. Nach dem Krieg wurde er kurzzeitig als Wohnraum, als Kartoffelkeller und zur Pilzzucht genutzt, ehe er wegen »wilder« Nutzungen zugemauert wurde und seither nicht zugänglich ist. Nur der Eingangsbereich lässt sich noch in vermauerter Form am Hang entdecken. Durch den 2007 eigens für sie angebrachten Schlitz haben Fledermäuse hier ein neues Quartier gefunden.

Auch oberhalb dieses Bunkers befindet sich am Hang ein weiterer verborgener Raum. Der Sockel des Bismarck-Denkmals wurde im Zweiten Weltkrieg ebenfalls zu einem Bunker umgebaut. Auf zwei Etagen konnten hier über neunhundert Menschen Unterschlupf finden, und bis etwa 1950 lebten hier einige durch den Krieg obdachlos gewordene Menschen, ehe die Eingänge unzugänglich gemacht wurden. Noch heute befinden sich am Mauerwerk im Inneren die alten völkisch-nationalsozialistischen Malereien und Texte.

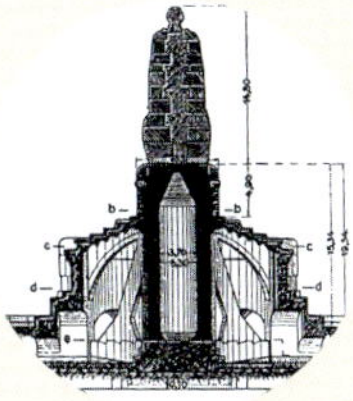

SOCKELSCHNITT BISMARCK-DENKMAL

Natürlich spielt sich auf St. Pauli noch viel mehr unterirdisches Leben ab: Wie überall im Untergrund der Städte ziehen sich Rohre und Kabel durch den Stadtteil. Bei den Landungsbrücken endet zum Beispiel einer der größten Abwasserkanäle der Stadt, der bereits Teil des von dem britischen Ingenieur William Lindley (1808–1900) nach dem Großen Brand 1842 entworfenen Abwassersystems war. Dieses Siel ist so groß, dass es sogar mit dem Boot befahren werden kann, was zum Beispiel Kaiser Wilhelm II. bei einem Hamburg-Besuch 1904 tat. Von der Lombardsbrücke bis zum Hafenrand ist das Siel befahrbar. Die stinkende Kloake eines großen Teils der Stadt wird hier zusammengeführt und wurde ursprünglich ungeklärt in die Elbe abgelassen. Heute werden die Abwässer über einen »Düker«, ein in der Elbe verlegtes Rohr, zum Klärwerk am Köhlbrandhöft weitergeleitet.

Außerdem ist St. Pauli, wie jeder andere Stadtteil auch, natürlich vielfach unterkellert, sodass auf dem Kiez nach wie vor ein Teil des Nachtlebens unterirdisch stattfindet. Der »Kaiserkeller« in der Großen Freiheit liegt ebenso unter der Erde wie der berühmt-berüchtigte Boxkeller der »Ritze«, der 2013 eröffnete »Mojo-Club« unterhalb der »Tanzenden Türme« und zahllose Kneipen im Souterrain.

9 ISRAELITISCHES KRANKENHAUS

Wir stehen nun vor dem ehemaligen Israelitischen Krankenhaus, das zwischen 1841 und 1843 vor den Toren der Stadt erbaut wurde, nachdem das vorherige jüdische Spital in der Neustadt zu klein geworden war (Abb. 15). In der Vorstadt wurde die damals moderne Anlage gebaut, weil hier noch Platz für ein derart großes Bauwerk vorhanden war und die Kranken sich hier, in einer Gegend, die damals noch ländlich geprägt war, abseits des Lärms und Gestanks der Stadt besser erholen können sollten. Industrialisierung und Bevölkerungswachstum sowie die Aufhebung der Torsperre führten dann jedoch dazu, dass das Krankenhaus nur gut fünfzig Jahre später in einem dicht bebauten Wohngebiet liegen sollte. Unweit von hier hatte sich bereits zuvor der sogenannte Pesthof befunden, ein Spital für Patienten mit ansteckenden Krankheiten (vgl. nächste Station).

Finanziert wurde das jüdische Krankenhaus von dem reichen Hamburger Bankier Salomon Heine, dem Onkel des Dichters Heinrich Heine, wohingegen die Stadt das Grundstück zur Verfügung stellte. Das Gebäude und seine Lage sagen nebenbei einiges über das Verhältnis der Hamburger zu ihren jüdischen Mitmenschen aus. Bis in die 1860er Jahre hatten Juden auch in der »weltoffenen« Handelsstadt Hamburg keine vollen Bürgerrechte, sodass man das jüdische Krankenhaus nicht ungern in die

15 ISRAELITISCHES KRANKENHAUS, 1841

anrüchige Vorstadt abgeschoben sah. Für die Juden hingegen bedeutete der Bau eines frei stehenden, für alle sichtbaren modernen Gebäudes ein Stück Emanzipation. Noch dazu war das Hospital ein Ort der Toleranz, denn es stand nicht nur jüdischen Patienten offen, sondern war interkonfessionell ausgerichtet, auch wenn es jüdisch-orthodox geführt wurde und sich im Mittelteil des Gebäudes eine Synagoge befand. Gerade die Betten der privat zu bezahlenden ersten und zweiten Klasse wurden dank der guten Reputation des Krankenhauses vielfach von nicht-jüdischen Patienten genutzt. Vom ehemaligen Bürgermeister Altonas und später Hamburgs Max Brauer ist der folgende Ausspruch überliefert: »In meiner Jugendzeit war ein geflügeltes Wort in meinem evangelischen Elternhaus: Wenn's ganz schlimm ist, dann geh ins Jüdische Krankenhaus!«

Mit dem Nationalsozialismus endete die Erfolgsgeschichte des mehrfach erweiterten Israelitischen Krankenhauses. Ab 1933 durften Nicht-Juden hier nicht mehr behandelt werden. Es folgten Repressalien, finanzielle Schwierigkeiten, die Übernahme durch die Stadt und die Entlassung des jüdischen Personals, ehe das Gebäude im Krieg stark zerstört wurde. Nach dem Krieg war es lange vom Abriss bedroht. Erst Ende der 1980er Jahre wurde es restauriert. Heute befinden sich in dem Gebäude das Ortsamt des Stadtteils sowie ein Hospiz der Stiftung »Hamburg Leuchtfeuer«. Bereits 1961 bekam

 Hamburg ein neues Israelitisches Krankenhaus im Stadtteil Alsterdorf.

Unser Weg führt nun links in die Hein-Hoyer-Straße und an der nächsten Kreuzung rechts in die Clemens-Schultz-Straße bis zur Ecke Annenstraße.

10 CLEMENS-SCHULTZ-STRASSE/ECKE ANNENSTRASSE

Das Eckgebäude Clemens-Schultz-Straße / Annenstraße befindet sich auf dem ehemaligen Areal des Pesthofs der Stadt Hamburg, der hier 1606 angelegt worden war (Abb. 16). In diesem frühen Krankenhaus wurden sowohl Menschen mit ansteckenden Krankheiten behandelt als auch psychisch Kranke sowie Hilflose und Arme ohne festen Wohnsitz untergebracht. Auch hier zeigt sich, dass die Hamburger die unerwünschten Dinge gern in die Vorstädte abschoben. Den Pesthof umgab zeitweilig gar ein Wassergraben, sodass er nur über eine Brücke erreichbar war. 1806 wurde der Betrieb eingestellt, und nur acht Jahre später fielen die Gebäude während der napoleonischen Besetzung Hamburgs den Zerstörungen auf dem Hamburger Berg zum Opfer (vgl. Rundgang 3). Immer wieder taucht das Gerücht auf, dass sich unter dem Eckgrundstück noch ein Keller des ehemaligen Krankenhofs befinde. Zwar gibt es unter der Gaststätte Ecke Annenstraße tatsächlich ein großes und besonderes Kellergewölbe, doch handelt es sich hierbei um einen Eiskeller aus der Mitte des 19. Jahrhunderts, in dem ein Schlachtereibetrieb viele Jahre Fleisch kühlte und aufbewahrte. Später war in dem Gebäude ein Kreisbüro der NSDAP untergebracht.

Durch die Detlev-Bremer-Straße gelangen wir nun zum Millerntor-Stadion.

11 MILLERNTOR-STADION

Schon seit über hundert Jahren wird das Heiligengeistfeld auch für sportliche Zwecke genutzt. Gerade der Fußball spielte dabei immer eine große

16 PESTHOF, 1742

Rolle, und zwar nicht nur, weil hier der FC St. Pauli beheimatet ist. Hier spielten und spielen – früher auf bis zu elf Grandplätzen! – auch andere Vereine mit so schönen Namen wie SC Vineta, SC Falke, SC Hansa 10/11 oder SK 1904 Frischauf, Letztere Teil des »Arbeitersportkartells«.

Ein Stadion an dieser Stelle gibt es allerdings erst seit 1963, nachdem die alte Spielstätte der Kiezkicker in der Nähe des Endpunkts unserer Tour an der Ecke Budapester Straße / Glacischaussee der Internationalen Gartenbauausstellung 1963 (vgl. Rundgang 6) hatte weichen müssen. Eröffnet als Millerntor-Stadion, trug es zwischen 1970 und 1999 nach einem langjährigen Vereinspräsidenten den Namen »Wilhelm-Koch-Stadion«. Nach langen Diskussionen um die Mitgliedschaft Kochs in der NSDAP während der Nazi-Zeit wird seither wieder mit mehr oder weniger Erfolg im Millerntor-Stadion gekickt (vgl. Exkurs »FC St. Pauli – Kicken zwischen Kult und Kommerz«, S. 78). Seit 2006 befindet sich das Stadion im schrittweisen Umbau. Nach Ende der Umbauarbeiten werden rund 30 000 Zuschauer auf die Ränge passen. Mindestens zwei Dinge sind an der neuen Gestaltung ungewöhnlich. Zum einen lässt die Fassade zur Budapester Straße hin nicht unbedingt sofort ein Stadion erkennen. Mit dem roten Backstein und den grünen Brüstungen sollen Assoziationen an traditionelle Hamburger Gebäudetypen geweckt werden wie zum Beispiel die Speicherstadt. Zum anderen kann das Stadion als erste Sportarena auf der Welt mit einer

Kindertagesstätte aufwarten, sodass die Sportstätte auch in den Alltag des Stadtteils integriert ist.

Bevor wir zum Endpunkt unserer Tour spazieren, werfen wir noch einen Blick auf das eher unansehnliche Telekom-Gebäude neben dem Stadion. Ungefähr an dieser Stelle befand sich bis 1974 der Leitturm-Bunker (vgl. 2. Station).

Die letzte Strecke des Weges führt nun die Budapester Straße nach Osten bis zur U-Bahn-Station St. Pauli. Hier startet auch Rundgang Nummer eins, und wer jetzt noch Lust hat, kann sich gleich auf die nächste Tour begeben.

FC ST. PAULI – KICKEN ZWISCHEN KULT UND KOMMERZ

Seit ein paar Jahrzehnten gilt der FC St. Pauli als der »etwas andere« Profi-Fußballverein: irgendwie links und alternativ, arm und sexy, mit dem Herz am rechten Fleck und toleranten, buntgemischten und selbstironischen Fans. Auch die Hauptvereinsfarbe – ein mittleres Braun – trägt durch ihre Seltenheit in der Fußballwelt zum Außenseitertum bei. Mag an diesen Klischees noch immer etwas dran sein, repräsentieren sie doch nur die jüngste Geschichte des Vereins.

Begonnen hatte alles, als einige Mitglieder des »Hamburg-St. Pauli Turnvereins von 1862« im Jahr 1907 beschlossen, nicht nur Leibesübungen zu vollführen, sondern auch der »Fußlümmelei« zu frönen. Drei Jahre später traten die Kicker dem Fußballverband bei und nahmen bald darauf am Spielbetrieb teil. Doch erst 1924 schlug die eigentliche Geburtsstunde des FC, als dieser sich vom Turnverein abspaltete. Die Mitglieder des Vereins waren eher bürgerlich geprägt und nicht Teil der Arbeitersportbewegung. Sportlich ging es – wie auch heute noch – auf und ab. Bis zum Zweiten Weltkrieg pendelte man beständig zwischen erster und zweiter Liga. Erst nach dem Krieg etablierten sich die Kiezkicker als feste Macht in der Oberliga Nord. Doch mit der Einführung der Bundesliga erfolgte die Einordnung in die Zweitklassigkeit, und seit Mitte der 1970er Jahre geht es für die Braun-Weißen quer durch die ersten drei Ligen. Nur die Atmosphäre am Millerntor änderte sich seit Mitte der 1980er Jahre. Kamen zuvor im Schnitt nur etwa 4000 Zuschauer, so entdeckten in den folgenden Jahren immer mehr Menschen ihre Liebe für den Heimatverein, und spätestens seit den 1990er Jahren war das Stadion oft rappelvoll. In dieser Zeit erfolgte die Umdeutung des Vereins zum Unikum im Profifußball, auch die Totenkopffahne wurde erstmals geschwenkt, um danach vielfach imitiert zu werden. In Hamburg weckte sie damals besondere Assoziationen als Symbol der besetzten Häuser in der Hafenstraße und des Piraten Klaus Störtebeker, der gern als Freibeuter im Dienste der Gerechtigkeit stilisiert wurde. Beim FC St. Pauli entwickelte sich aber mit den Jahren neben den eher traditionellen Fans tatsächlich eine besondere Fankultur, die sich Toleranz und Anti-Faschismus auf die Fahnen schrieb und so zum Vorreiter einer »linken« Fußballfanszene wurde. Ihre Symbole sind allerdings mittlerweile von der kommerziellen Verwertungskette des Vereins zu einem allgegenwärtigen Accessoire gemacht worden. Totenkopf-Artikel sind heute eine weltweit bekannte Marke des ansonsten nicht mehr ganz so anderen Vereins geworden.

Der Support im Stadion ist jedoch nach wie vor herausragend, auch wenn der FC leider weiterhin keinen bedeutenden Titel gewinnen konnte. Einzig den selbstverliehenen Titel des »Weltpokalsiegerbesiegers« konnte man 2002 mit einem Sieg über Bayern München neu definieren und für sich reklamieren. Und so werden die Träume des Gesangs, der im Millerntor-Stadion auf die Melodie des Songs »Teenagerliebe« der Band »Die Ärzte« angestimmt wird, wohl noch lange Wunschdenken bleiben: »Ich liebe Dich, ich träum von Dir. In meinen Träumen bist Du Europacupsieger, doch wenn ich aufwach', fällt's mir wieder ein: spielst ganz woanders, in Liga 2.«

BARS / KNEIPEN / NACHTLEBEN

BernsteinBar
Bernstorffstraße 103
www.bernsteinbar.de
→ *Disco, Funk & Soul in schicker Bar*

Blauer Peter IV
Hamburger Berg 19
→ *Traditionskneipe zum Abfeiern*

Café Bar Roosen
Paul-Roosen-Straße 28
www.cafe-roosen.de
→ *gemütliche Eckkneipe*

Eldorado
Wohlwillstraße 50
→ *Kellerkneipe mit DJs und Sofas*

Frau Hedis Landgang
Neuer Pferdemarkt 3
www.frauhedi.de
→ *Festlandabteilung der musikalischen Barkassenfahrten*

Grüner Jäger
Neuer Pferdemarkt 36
www.gruener-jaeger-stpauli.de
→ *Rockkonzerte und Tanzpartys im ehemaligen HJ-Heim*

Herr Schmöll
Paul-Roosen-Straße 19
→ *Weinbar, Restaurant und von Zeit zu Zeit Live-Musik*

Hong-Kong-Bar
Hamburger Berg 14
→ *letzter Hinweis auf die ehemalige Hamburger Chinatown*

Jolly Roger
Budapester Straße 44
www.ballkult.de
→ *Kneipe der Fanszene des FC St. Pauli*

Sorgenbrecher
Hamburger Berg 23
→ *schmaler Kneipenschlauch*

Toast Bar
Wohlwillstraße 54
→ *schlicht-schöne Bar mit legendärem Erdnuss-Catering*

Toom Peerstall
Clemens-Schultz-Straße 43
www.toom-peerstall.de
→ *Kneipen-Institution der schwulen Szene*

Uebel & Gefährlich
Feldstraße 66
www.uebelundgefaehrlich.com
→ *Musik & Tanz im Bunker*

CAFÉS / RESTAURANTS

Backbord
Clemens-Schultz-Straße 18
www.backbord-stpauli.de
→ *rustikales Speiselokal*

Café Mimosa
Clemens-Schultz-Straße 87
www.cafemimosa.de
→ *selbstgebackene Kuchen und Brioches*

Imbiss »Bei Schorsch«
Beim Grünen Jäger 14
→ *Wurstimbiss ohne Schnickschnack*

Kleine Pause
Wohlwillstraße 37
www.kleine-pause.de
→ *Imbiss und inoffizieller Stadtteiltreff*

Kuchnia
Talstraße 87
www.kuchnia-hamburg.de
→ *osteuropäische Küche und Bar*

Mr. Kebab
Thadenstraße 4
→ *türkischer Familienbetrieb zwischen Imbiss und Restaurant*

NIL
Neuer Pferdemarkt 5
www.restaurant-nil.de
→ *feine Speisen und Kochkurse*

Slim Jims Pizza
Bei der Schilleroper 1–3
www.slim-jims.com
→ *cooler Pizza-Laden*

Tarterie St. Pauli
Paul-Roosen-Straße 31
→ *Tartes, Quiches und Flammkuchen*

LÄDEN

dekoop
Paul-Roosen-Straße 28
www.dekoop.de
→ *Büro für Einrichtungs- und Alltagsdesign mit kleinem Ladenverkauf*

dephekt / Freiheit & Roosen
Kleine Freiheit 80
www.hafenschlammrekords.de
→ *vollgestopftes, erstklassig mit Abseitigem bestücktes Vinyl-Mekka*

Ferd. Schüllenbach
Budapester Straße 49
→ *traditionelles Eisenwarengeschäft*

fairretail
Paul-Roosen-Straße 12
www.fairretail.de
→ *fair und ökologisch produzierte Kinderklamotten*

Hip Cats
Paul-Roosen-Straße 16
www.hip-cats.de
→ *Secondhand-Mode und Accessoires*

JustMusic
Feldstraße 66
www.justmusic.de
→ *riesiger Musikalienhandel im Bunker*

Konditorei Holger Rönnfeld
Hein-Hoyer-Straße 52
www.hochzeitstorten-hamburg.de
➜ *Spezialist für individuelle Tortengestaltung*

kunst kiosk
Paul-Roosen-Straße 5
www.kunstkiosk-hamburg.de
➜ *Laden für Kunst mit hoher Street-credibility und Galerie*

Modellbau Rettkowsky
Paulinenplatz 2
www.rettkowsky.de
➜ *große Auswahl für große und kleine Modellbauer*

Saintpaulia
Paul-Roosen-Straße 16
➜ *nach einer ostafrikanischen Blumengattung benannter Blumenladen*

Smallville
Hein-Hoyer-Straße 56
www.smallville-records.com
➜ *feiner Plattenladen für Elektronisches*

Suicycle
Wohlwillstraße 12-14
www.suicycle-store.de
➜ *exklusive und coole Fahrräder*

Tapetenkeller
Budapester Straße 51
www.tapetenkeller.de
➜ *Wunderland für ausgefallene Tapeten*

TThoch3
Beim Grünen Jäger 10
www.tthoch3.de
➜ *lauter nettes Hamburg-Zeug*

HOTELS

Backpackers St. Pauli
Bernstorffstraße 98
www.backpackers-stpauli.de
➜ *einfaches Hostel*

Budapester Hof
Budapester Straße 43
www.hotelbudapesterhof.de
➜ *Zwei-Sterne-Hotel*

Hotel Hansehof
Simon-von-Utrecht-Straße 80/81
www.hansehof.com
➜ *preiswertes Hotel im Gründerzeithaus*

Hotel St. Annen
Annenstraße 5
www.hotelstannen.de
➜ *kleines, familiäres Hotel*

St. Pauli Lodge & Guesthouse
Thadenstraße 94
www.sankt-pauli-lodge.de
➜ *auf drei Standorte verteiltes Hotel*

FREIZEIT / SPORT

Dom
➜ *dreimal im Jahr für vier Wochen Volksfest auf dem Heiligengeistfeld*

Hallenbad St. Pauli
Budapester Straße 29
www.baederland.de/bad/st-pauli.php
→ *Stadtteilschwimmbad*

Kegelbahn Trattoria da Mario
Thadenstraße 1
www.trattoria-da-mario-hamburg.de
→ *oben Ristorante, unten Kegelspaß*

Millerntorstadion / Fanladen St. Pauli
Heiligengeistfeld 1/1 A
www.stpauli-fanladen.de
→ *Zweitliga-Fußball mit stimmgewaltigen Fans*

Tanzsalon Hamburg
Lerchenstraße 16 B
www.tanzsalon-hamburg.de
→ *Tanzkurse – auch für gleichgeschlechtliche Paare*

Universotango
Beim Grünen Jäger 6 A
www.universotango.de
→ *Tangoschule*

KULTUR

B-Movie
Brigittenstraße 5
www.b-movie.de
→ *unabhängiges Kino mit Spezialprogramm*

St. Pauli Tourist Office
Wohlwillstraße 1
www.pauli-tourist.de
→ *Tickets, Touren & Shop von »Leuden« aus St. Pauli*

Studio-Kino
Bernstorffstraße 93-95
www.studio-kino.de
→ *Programmkino in ehemaliger Werkshalle*

SOZIALES / NON-PROFIT

Abenteuerspielplatz Am Brunnenhof e.V.
Am Brunnenhof 14
www.asp-am-brunnenhof.de
→ *seit Jahrzehnten Spaß und Action auf dem »Baui«*

Hamburg Leuchtfeuer
Simon-von-Utrecht-Straße 4 D
www.hamburg-leuchtfeuer.de
→ *Betreuung und Pflege Schwerkranker und ihrer Angehörigen*

Haus Bethlehem e.V.
Budapester Straße 23 A
→ *Obdachlosen- und Armenhilfe vom Orden Mutter Teresas*

ST. PAULI – WATERKANT 3

Hafentor * »Portugiesenviertel« * St. Pauli-Landungsbrücken * Bei der Erholung / Hafenkrone * Alter Elbtunnel * Davidstraße / Brauquartier * Bernhard-Nocht-Straße / Hafenstraße * Park Fiction * St. Pauli-Fischmarkt * St. Pauli-Kirche / Hein-Köllisch-Platz

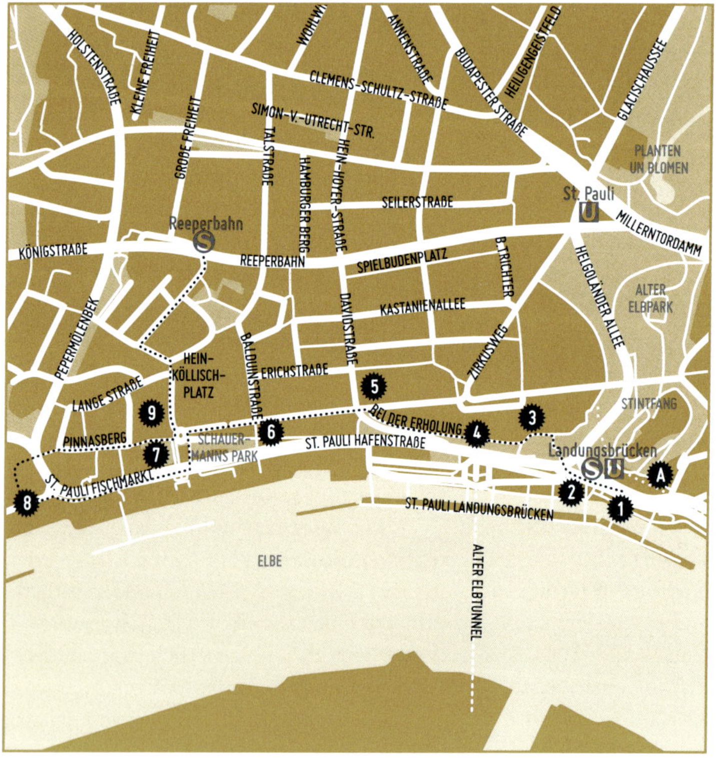

STARTPUNKT: U- / S-Bahn-Station Landungsbrücken
ENDPUNKT: S-Bahn-Station Reeperbahn
DAUER: etwa 2 Stunden

Unsere dritte St. Pauli-Tour führt uns vornehmlich am Elbufer entlang. Die meiste Zeit werden wir oben auf dem Hamburger Berg, also am Rande der Geestkante des alten Elblaufs, spazieren und dabei das südliche Ende des Stadtteils erkunden. Immer wieder eröffnen sich dabei wunderbare Blicke über die Elbe und den Hafen. Diese attraktive Lage ist es auch, die die Gegend seit einigen Jahrzehnten zu einem teilweise umkämpften Territorium macht – hochfliegende Sanierungspläne, Bauspekulation und Gentrifizierungsdruck sind einmal mehr die Stichworte.

Dieser Spaziergang beginnt, wo die sechste Tour endet. Seine letzte Station ist unweit der Großen Freiheit, wo auch Rundgang eins endet. Hier bestehen also direkte Anschlussmöglichkeiten.

1 HAFENTOR

Wir beginnen diesen Rundgang am Elbufer links von der Fußgängerbrücke, die aus der U- und S-Bahn-Station herausführt.

Hier stehen wir an der früheren Grenze zwischen der eigentlichen Stadt Hamburg und ihrer ehemaligen Vorstadt St. Pauli. Die Anhöhe hinter der U-Bahn-Haltestelle markiert noch heute den Ort einer der Bastionen der Hamburger Wallanlagen aus dem frühen 17. Jahrhundert. Hier unten am Wasser befand sich erstaunlicherweise nur für einige Jahre auch eines der Stadttore. 1841 wurde das Hafentor als Durchlass eingerichtet (Abb. 1). Allerdings verlor es mit der Aufhebung der Torsperre zum Jahreswechsel 1860/61 einen Teil seiner Funktion, blieb aber als steuerliche und zolltechnische Grenze bedeutsam. Erst 1888 wurde das Hafentor bedeutungslos, als Hamburg – mit Ausnahme des Freihafens, der erst 2013 abgeschafft wurde – dem Deutschen Reich angeschlossen wurde. Bis dahin wurde St.

1 HAFENTOR, 1846

Pauli also, obwohl als Vorstadt zu Hamburg gehörend, quasi als Ausland behandelt – sehr zum Nachteil der dortigen Industrien und Gewerbe. Den Hamburger Handwerkern war zuvor daran gelegen, die Konkurrenz aus der eigenen Vorstadt zu behindern und auszuschalten.

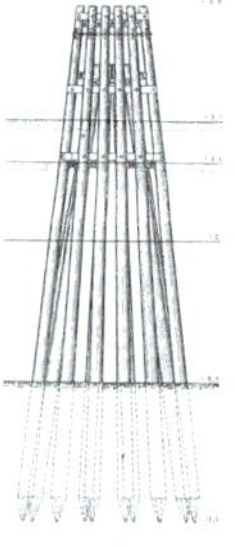

2 24-PFÄHLIGER DUCKDALBEN

Trotz seiner kurzen Existenz gab das Hafentor jedoch der U-Bahn-Station, die auf der 1912 eröffneten ersten Ringlinie liegt, ihren ersten Namen, der dann einige Jahre später in »Landungsbrücken« geändert wurde. Gehen wir nun als Erstes einige Meter in Richtung Stadt bis zu der Stelle, wo sich der Fußweg bei Brücke 1 platzartig weitet. Was hier unten am Wasser vor allem als touristische Flaniermeile erscheint, die sich in Richtung Hamburger Innenstadt zieht, war bis ins 20. Jahrhundert hinein wichtiger Teil der Hamburger Hafenanlagen (Abb. 3). Der größte Teil der Schiffe

3 HAFENTOR, 1930

legte dabei nicht direkt am Ufer an, sondern machte an sogenannten Duckdalben, in den Flussgrund gerammten Baumstämmen, fest (Abb. 2). Die Ufergegend präsentierte sich in Zeiten der Segelschifffahrt zumeist als regelrechter Mastenwald, wie ihn beispielsweise Joseph von Eichendorff im Jahre 1805 sichtlich beeindruckt beschrieben hat:

»[...] alle die seligen Stunden der Kindheit, die wir so oft von Hamburg verträumt hatten, gaukelten jetzt vor unserer Seele, und mit klopfenden Herzen sahen wir dem Anblicke Hamburgs entgegen. Endlich lag sie vor uns, diese steinerne Welt mit ihren Palästen u. Türmen, u. ein Wald von 1000 u. abermal 1000 himmelhohen Masten, gleich einem wilden Windbruche, deuteten uns den Hafen. Je näher wir demselben kamen, desto öfterer überraschten uns Ungeheuer von Schiffsgerippen, die am Ufer ausgebessert wurden. Endlich langten wir im Hafen

4 HAFEN BEI DEN LANDUNGSBRÜCKEN, UM 1887

an. Welchen Eindruck dieses seltsame in der Welt einzige Schauspiel auf uns machte, ist unbeschreiblich. Mit staunendem Entzücken fuhren wir in das tosende Chaos hinein, wie eine fremde Feenwelt umschlossen uns rings die ungeheueren Seepaläste. Hier wurde gezimmert, dort gerudert, dort klommen Matrosen an den Masten hinan, hier schwebten andere am Tauwerke zwischen Himmel u. Wasser, und ein dumpfes Getöse von 1000 Stimmen in hunderterlei Sprachen tönte darein.«

Ein Blick auf das Museumsschiff »Rickmer Rickmers«, einen 1896 gebauten stählernen Frachtsegler, der viele Jahre der portugiesischen Marine als Schulschiff diente und heute vor der Promenade vor Anker liegt, vermag kaum ansatzweise an den früheren Mastenwald zu erinnern (Abb. 4). Doch ist die Promenade auch nicht ausschließlich zu dem Zweck gedacht, ein schönes Hafenpanorama zu bieten, sondern stellt zugleich die Flutschutzlinie zur Stadt dar. Hoch über der Elbe gelegen, dient sie als Schutzmauer gegen Sturmfluten, die diese Gegend früher regelmäßig überspülten.

Erst mit dem Ausbau des Hafens auf der anderen Elbseite seit Ende des 19. Jahrhunderts verschwanden die großen Schiffe allmählich vom nördlichen Elbufer, und die Wege nach St. Pauli wurden für die Seeleute immer weiter.

Eine weitere Attraktion unweit von hier stellt das Museumsschiff »Cap San Diego« dar, ein elegantes Stückgut-Frachtschiff aus den 1960er Jahren, das zwischen Hamburg und Südamerika verkehrte und auch Raum für zwölf Passagiere bot.

→ ABSTECHERTIPP

A »PORTUGIESENVIERTEL«

Bevor wir uns auf unsere eigentliche Strecke die Elbe nach Westen entlang begeben, empfiehlt sich noch ein kleiner Abstecher über die Grenze nach Hamburg in das sogenannte Portugiesenviertel. Hierzu überqueren wir die Kreuzung nach links in Richtung U-Bahn-Station und gehen dann nach rechts weiter zur Einmündung der Ditmar-Koel-Straße. Insbesondere rund um die Ditmar-Koel-Straße haben sich in den letzten Jahrzehnten zahlreiche von südeuropäischen Migranten betriebene Restaurants und Cafés etabliert. Portugiesen und Spanier waren als Arbeitskräfte seit Beginn der 1960er Jahre nach Deutschland angeworben worden und fanden in Hamburg Arbeit etwa auf Werften und im Hafen. Viele siedelten sich deshalb in Hafennähe an, noch dazu, weil hier die Mieten vergleichsweise günstig waren. Dies entsprach der traditionellen Besiedlung dieses Teils der südlichen Neustadt als Arbeiterstadtteil, wo sich vormals eines der berüchtigten Hamburger Gängeviertel, jener dicht besiedelten, verwinkelten Hinterhofbebauungen, in denen die ärmsten Bevölkerungsteile häufig unter erbärmlichsten Bedingungen hausten, befunden hatte. Anfang des 20. Jahrhunderts wurde das Gängeviertel »saniert«, will heißen: abgerissen und durch die zum Teil heute noch vorhandene Bebauung ersetzt. Die Bautätigkeit lag teils in privater Hand, was zu vielfältiger Spekulation führte, war andererseits aber auch durch Genossenschaften organisiert. Das Mietniveau nach den »Sanierungen« war jedenfalls höher als zuvor, sodass in die Neubauten vielfach nicht wieder die alten Bewohner des Viertels einzogen. Hafenarbeiter, Tagelöhner und andere Geringverdiener mussten sich also neue Bleiben suchen, und eher besser verdienende Facharbeiter und Angestellte zogen in die Gegend.

Auf die Nähe zum Hafen deuten in der Ditmar-Koel-Straße neben einigen maritimen Geschäften auch noch die skandinavischen Seemannskirchen, die vielen Hamburgern durch ihre fröhlichen Weihnachtsmärkte bekannt sind.

5 ANLEGER BEIM JONAS, 1855

Nach diesem Abstecher geht's nun zurück zu den Landungsbrücken, also wieder zur Promenade und dann nach rechts bis zum Uhrturm an Brücke 3.

2 ST. PAULI-LANDUNGSBRÜCKEN

Zurück auf St. Paulianischem Gelände, stehen wir nun am Gebäuderiegel der »St. Pauli-Landungsbrücken«, der zwischen 1906 und 1910 von den Architekten Raabe & Wöhlecke zusammen mit der vor ihm auf dem Wasser liegenden Pontonreihe als repräsentative Anlegestelle erbaut wurde. Die Landungsbrücken erfüllen somit die Funktion eines »Schiffsbahnhofs« mit den Pontons als »Bahnsteigen« und dem sandsteinernen Gebäudekomplex als »Abfertigungshalle«. Neben großen Passagierdampfern legten hier immer auch Hafenfähren und Ausflugsschiffe ab. Auch das Eingangsgebäude des Elbtunnels am Ende der Landungsbrücken (vgl. 5. Station) mit seinem markanten Kuppeldach wurde zur gleichen Zeit von Raabe & Wöhlecke gestaltet.

Bereits lange zuvor, seit 1839, hatten in diesem Bereich des Elbufers die »neumodischen« Dampfschiffe angelegt (Abb. 5). Aus Angst vor der damals noch als unsicher eingestuften Technik wollte man nämlich Dampfschiffe nicht im eigentlichen Hafenbereich anlegen lassen, weil man befürchtete, dass explodierende Dampfkessel eine Feuergefahr für die Stadt darstellen könnten (vgl. Rundgang 1). Wenig später, zwischen 1857 und 1887, gingen von hier aus auch die Auswandererschiffe der HAPAG (Hamburg-Amerikanische Packetfahrt-Actien-Gesellschaft) auf die Reise, begleitet von vielfältigen Hoffnungen und Ängsten der Passagiere. Insgesamt rund 3,6 Millionen Menschen wanderten von 1838 bis 1914 über Hamburg nach Übersee aus.

6 WASSERSTANDS-ANZEIGER

Der Turm am Ostende der Landungsbrücken zeigt bis heute weithin sichtbar den Wasserstand der Elbe an und gab damit den Kapitänen in früheren Jahren eine wichtige Information (Abb. 6). Auf den ersten Blick ist nicht sofort ersichtlich, was der Turm eigentlich anzeigt. Es handelt sich um die Angabe des Wasserpegels über oder unter dem sogenannten Kartennull, der in Dezimetern angegeben wird. »Kartennull« bezieht sich dabei auf den durchschnittlich niedrigsten Wasserstand der Ebbe bei Voll- oder Neumond. Sind die Zahlen schwarz, so steht das Wasser höher als Kartennull, sind sie rot, was selten der Fall ist, liegt der Pegel unter dem durchschnittlich niedrigsten Wasserstand. Dann kann es für das ein oder andere Schiff nach unten hin eng werden.

Wir gehen nun zu der großen Straßenkreuzung auf Höhe von Brücke 4. Auf der gegenüberliegenden Seite mündet die »Schlucht« der Helgoländer Allee in Richtung Elbufer ein, die noch den Verlauf des alten Wallgrabens der Hamburger Stadtbefestigung markiert.

Überqueren wir nun die Straße und erklimmen den Hamburger Berg!

3 BEI DER ERHOLUNG/HAFENKRONE

Passend zu dem anstrengenden Bergaufstieg heißt die Promenade auf dem Gipfel »Bei der Erholung«. Erholen können wir uns gleich rechts neben der zu einem Brunnen umgestalteten alten Sudpfanne aus der Astra-Brauerei. Von dort hat man einen schönen Blick sowohl über die Landungsbrücken und den Hafen als auch auf den ältesten Gebäudeteil des Hotels »Hafen Hamburg«, der um 1860 ursprünglich als Seemannsheim erbaut wurde. Hier konnten rund 130 Seeleute bei ihren Landgängen gleichzeitig Unterkunft und Verpflegung finden, um neue Kraft für die nächste Seereise zu schöpfen. Zu diesem Zweck gab es auch Gärten, Spielplätze sowie Möglichkeiten zu Lektüre und Fortbildung. Doch entsprach dieses Angebot nicht unbedingt den Vorstellungen, die sich die meisten Seeleute von einem freudvollen Landgang machten, noch dazu, weil sowohl Alkoholgenuss als auch Damenbesuch hier strikt verboten waren. Seit Ende des 19. Jahrhunderts diente das Gebäude deshalb zeitweilig auch anderen Zwecken, wie zum Beispiel der Ausbildung von Seeleuten oder der Nutzung durch das benachbarte Institut für Schiffs- und Tropenkrankheiten. 1979 erfolgte der Umbau zum Hotel durch Willi Bartels (1914–2007), einen Hamburger Geschäftsmann, der aufgrund seines umfangreichen Immobilienbesitzes auf St. Pauli auch gern als »König von St. Pauli« tituliert wurde und als Vorlage für eine gleichnamige Fernsehserie diente.

Gut erholt spazieren wir nun weiter nach Westen. Dabei passieren wir rechter Hand mehrere öffentliche Gebäude, die alle einen mehr oder weniger stark ausgeprägten Bezug zum Hafen und der Schifffahrt haben. In der ehemaligen Navigationsschule (Albert Erbe, 1903–1905) befindet sich heute der Deutsche Wetterdienst sowie rechts daneben das Bundesamt für Seeschifffahrt und Hydrographie. Bevor wir die 2004 neu gestaltete Promenade zu Ende gehen, machen wir einen Halt mit Blick auf den Alten Elbtunnel, der unterhalb des Hanges am Westende der St. Pauli-Landungsbrücken seit 1911 die beiden Elbufer miteinander verbindet.

4 ALTER ELBTUNNEL

Mit der Eröffnung des Elbtunnels veränderte sich für viele Hafen- und Werftarbeiter der Weg zur Arbeit vollständig. Jeden Tag hatten sie zuvor die Elbe mit Booten überqueren müssen. Vielfach taten sie dies in Rudergemeinschaften mit ihren Kollegen (Abb. 7). Dieser Arbeitsweg war nicht nur mühsam, sondern bisweilen, insbesondere bei Sturm oder Nebel, auch gefährlich. Immer wieder kam es zu Unglücksfällen, teilweise mit Todesopfern. Herrschte Eisgang auf der Elbe, mussten die Arbeiter zudem einen riesigen Fußweg zu den Elbbrücken und dann quer durch den Hafen in Kauf nehmen, um zur Schicht zu gelangen. Als es technisch möglich wurde, entschieden sich die Hamburger deshalb, mit dem Elbtunnel einen sicheren Weg unter der Elbe hindurch in den Freihafen zu realisieren. Noch dazu bedeutete diese Lösung, dass der Arbeitsweg zeitlich berechenbarer wurde. Gebaut wurde der Tunnel nach dem noch heute – beispielsweise beim Bau der vierten Autobahn-Elbtunnelröhre zwischen 1997 und 2000 – im Tunnelbau häufig verwendeten Schildvortriebsverfahren, bei dem ein sich langsam drehender Bohrkopf sich ganz »sutsche« durch das Erdreich voranschiebt und in seinem Rücken eine Röhre hinterlässt, die dann verstärkt und ausgekleidet werden kann. Für alle, die noch nie im Alten Elbtunnel gewesen sind, lohnt sich ein Besuch auf jeden Fall (Abb. 8). Im Inneren fällt sogleich auf, dass die Spurbreite der Straße gerade mal weit genug für einen Pkw ist. Zum Zeitpunkt der Planung hatte niemand vorhergesehen, dass der motorisierte Individualverkehr jemals die heutigen Dimensionen annehmen könnte. In der Millionenstadt Hamburg gab es damals nur wenige Hundert Kraftfahrzeuge, und so konstruierte man den Tunnel vor allem für Fußgänger, Radfahrer und Pferdefuhrwerke (Abb. 9). Bis in die 1970er Jahre herrschte an den Tunneleingängen zum Schichtwechsel oft Gedränge. Ganz besonders voll wurde es auf der St. Pauli-Seite jedoch immer freitags nachmittags, wenn die Ehefrauen ihre Männer zum »Lohntütenball« empfingen. Der Lohn der Woche, der damals

7 RUDERBOOTE MIT WERFTARBEITERN, 1885

8+9 ELBTUNNEL: LÄNGSSCHNITT UND SCHERZPOSTKARTE, 1911

noch bar im Umschlag nach Hause gebracht wurde, wurde dann von den Frauen einkassiert, damit er von den Männern nicht auf dem Heimweg in den Kneipen des Stadtteils verjubelt werden konnte. Mittlerweile arbeiten nur noch wenige St. Paulianer direkt im Hafen. Werftensterben und Containerisierung in der Schifffahrt haben vor allem seit den 1980er Jahren dafür gesorgt, dass im Hafen immer weniger Arbeitskräfte benötigt werden.

Gehen wir nun die Promenade bis zur Ecke Davidstraße / Bernhard-Nocht-Straße weiter. Auf dem Weg passieren wir das Bernhard-Nocht-Institut für Tropenmedizin (Fritz Schumacher, 1910–1914), das vor wenigen Jahren um den festungsartigen, für die Erforschung hochinfektiöser tropischer Krankheiten errichteten Neubau (Kister Scheithauer Gross, 2005–2008) erweitert wurde und den Abschluss der repräsentativen Gebäude auf der Geestkante bildet.

5 DAVIDSTRASSE/BRAUQUARTIER

Die Davidstraße, die von hier nach Norden in Richtung Reeperbahn führt, ist vor allem als eine der Straßen bekannt, in denen in Hamburg die Straßenprostitution erlaubt ist (vgl. Rundgang 1), und zugleich eine jener Straßen, in denen die Gegensätze des Stadtteils sehr deutlich aufeinanderprallen. Insbesondere der Wandel St. Paulis weg von einem sozial schwächeren Arbeiter- und Vergnügungsviertel und hin zu einem aufgeschickten, durchgestylten und kommerzialisierten Stadtteil lässt sich hier gut erkennen. Nachdem 2003 die Produktion des »Astra«-Bieres in der zwischen Bernhard-Nocht-Straße und Hopfenstraße gelegenen »Bavaria St. Pauli«-Brauerei zur Holsten-Brauerei nach Altona verlegt wurde, entstand auf dem Gelände bis 2008 ein schickes Büro- und Wohngebiet (Abb. 11). Seit 1863 hatte sich hier eine Brauerei befunden (Abb. 10). Positiv ist zu vermerken, dass das Brauerei-Areal, welches zuvor ein Hindernis im Stadtteil war, um das man nur herumgehen konnte, nun von neuen Wegeverbindungen durchzogen ist. Auch dass hier ausschließlich Genossenschaftswohnungen entstanden sind, ist hervorzuheben. Der Bau umfangreicher Büroflächen und eines schicken Nobel-Hotels wurden jedoch vielfach kritisiert, da sie einer weiteren Gentrifizierung (vgl. Exkurs S. 96) des Stadtteils Vorschub leisten.

10 BIERDECKELMOTIV ASTRA, UM 1970

11 BRAUQUARTIER

Wer mag, dreht nun eine kleine Runde durch das Quartier und kommt dann zurück zur Davidstraße, um anschließend in die Bernhard-Nocht-Straße abzubiegen.

GENTRIFIZIERUNG

»Gentrification« oder eingedeutscht »Gentrifizierung« ist ein Begriff der Stadtsoziologie, der mittlerweile vielen Stadtbewohnern bekannt sein dürfte. Die wenigsten verbinden damit etwas Positives, denn Gentrifizierung steht vor allem auch für die Verdrängung der Bewohner eines Quartiers durch zahlungskräftigere Menschen.

Unter Gentrifizierung versteht man in der Regel einen Prozess, der dazu führt, dass innerstädtische Gebiete, die als wenig attraktiv gelten, in denen Wohnraum dementsprechend günstig ist und wo sich deshalb eher einkommensschwächere Bewohner angesiedelt haben, allmählich an Anziehungskraft gewinnen, sich dadurch verteuern und in ihrer Struktur verändern. Ausgelöst wird eine solche Entwicklung, ohne dass sie dies beabsichtigen würden, meist von kreativen Leuten wie Künstlern, politischen Aktivisten und Studierenden, die sich Nischen im Stadtgefüge suchen, die sie sich leisten können. Fatalerweise schaffen sie damit aber häufig interessante Milieus und Subkulturen, die auch anderen, meist besser situierten und weniger kreativen Menschen attraktiv erscheinen und die diese in die entsprechenden Viertel locken. Den Gesetzen des Marktes folgend, geht mit der höheren Attraktivität eine allmähliche Steigerung der Preise und Mieten einher. Hübsche Geschäfte, Cafés und Restaurants siedeln sich an, die sich vornehmlich an den Bedürfnissen der neuen Stadtteilnutzer orientieren, Altbauten werden luxussaniert, Mietwohnungen in teures Eigentum umgewandelt und schicke Neubauten errichtet. Gerade St. Pauli stand in den letzten Jahren im Fokus dieser Veränderungsprozesse in Hamburg. So war zum Beispiel das Schanzenviertel noch in den 1980er Jahren weit davon entfernt, ein In-Viertel zu sein. In den letzten dreißig Jahren hat sich der Charakter des Viertels jedoch fundamental verändert, was sich nicht zuletzt am Zuzug immer schickerer Gastronomien und mittlerweile auch Mode-Einzelhandelsketten ablesen lässt. Auch im südlichen

St. Pauli stehen alle Zeichen auf Gentrifizierung. Dies spiegelt sich beispielsweise an Wohnkomplexen wie dem »Bernhard-Nocht-Quartier« (vgl. nächste Station) oder den Geschäften in der Paul-Roosen-, Clemens-Schultz- oder Wohlwillstraße (vgl. Rundgang 2) wider.

Je nach politischem Standpunkt wird die Gentrifizierung als Verdrängung der alteingesessenen Bewohner eines Viertels oder als begrüßenswerte Aufwertung eines Stadtteils angesehen. Unumstritten dürfte sein, dass die Bedürfnisse der ursprünglichen Bewohner dabei oft auf der Strecke bleiben. Vielen von ihnen wird der Stadtteil zu teuer und außerdem fremd, sodass sie gezwungen sind, sich einen neuen Wohnort zu suchen. Am Ende frisst der Mainstream die Subkultur und das alte Flair des Stadtteils gleich mit. Nicht zuletzt die kreativen Pioniere, die den Prozess ausgelöst haben, können sich das Leben in einem gentrifizierten Stadtteil zuguterletzt nicht mehr leisten und müssen sich neue erschwingliche Räume im Stadtgefüge suchen. Und dann beginnt der beschriebene Prozess von vorn.

6 BERNHARD-NOCHT-STRASSE/HAFENSTRASSE

Die Bernhard-Nocht-Straße wartet auf der rechten Straßenseite vornehmlich mit Gastronomie auf. Bekannt ist vor allem die Washington Bar, die sich 1951 als Musikbar in einem vormaligen Bordell etablierte. 1954 trat hier ein gewisser Österreicher namens Franz Eugen Helmuth Manfred Nidl-Petz auf und sang Lieder zur Gitarre. Talentspäher einer Plattenfirma entdeckten ihn und machten ihn zum Star – allerdings unter einem etwas flotteren, internationaleren Namen: Freddy Quinn. In Deutschland erreichte bis heute – außer den Beatles – kein Künstler so viele Nr. 1-Hits wie Herr Nidl-Petz aus Niederfladnitz.

Nur wenige Meter weiter manifestiert sich ein weiteres Stück des Wandels auf St. Pauli. Gegen große Proteste der Anwohner (Abb. 12) und trotz alternativer Vorschläge wurde hier bis 2013 mit den »Bernhard-Nocht-Terrassen« ein neues Wohnquartier für gehobene Ansprüche geschaffen. Mietpreise von 14 bis 15 Euro Kaltmiete pro Quadratmeter sind auch für Hamburger Verhältnisse nach wie vor eher hoch. Für die alteingesessenen St. Paulianer sind derlei Mieten unerschwinglich. Noch dazu blieb hier nur ein Teil der vorherigen, stadtteiltypischen kleinteiligen Bebauung aus dem 19. Jahrhundert erhalten und wurde saniert.

12 NO BNQ-LOGO

Nur einige Meter weiter gelangen wir zu den in den 1980er und 1990er Jahren umstrittensten Häusern Hamburgs – den ehemals besetzten Gebäuden in der Hafenstraße.

Anfang der 1980er Jahre sollten die im Besitz der städtischen Wohnungsbaugesellschaft SAGA befindlichen und teilweise leerstehenden gründerzeitlichen Mietshäuser wegen vermeintlicher Unbewohnbarkeit größtenteils abgerissen und durch profitablere Neubauten in dieser außerordentlich attraktiven Lage mit Elbblick ersetzt werden. Um den Erhalt der Häuser zu erkämpfen, wurden die Häuser besetzt. Nachdem zwischen 1983 und 1986 ein Mietvertrag bestand, eskalierte der Konflikt um die Häuser nach Ablauf des Mietverhältnisses. Räumungsversuche und Räumungen, Wieder- und Neubesetzungen, Razzien, Rechtsstreits, Gewalt und Gegengewalt prägten die Atmosphäre rund um die Häuser, die zu einem deutschlandweiten Symbol wurden (Abb. 14). Als 1987 die Verhandlungen um einen neuen Mietvertrag scheiterten, drohte die gewalttätige Eskalation des Konflikts. In letzter Minute wurde unter Federführung des damaligen Bürgermeisters Klaus von Dohnanyi ein Kompromiss gefunden, an dessen Ende die Häuser erhalten blieben und die Bewohner neue Mietverträge erhielten. Anfang der 1990er Jahre versuchte die Stadt noch einmal, das Projekt »Hafenstraße«, das sich immer als mehr verstanden hatte denn als Kampf um den Erhalt einiger Häuser, endgültig zu beenden. Letztlich wurde Mitte der 1990er Jahre eine dauerhafte Lösung gefunden,

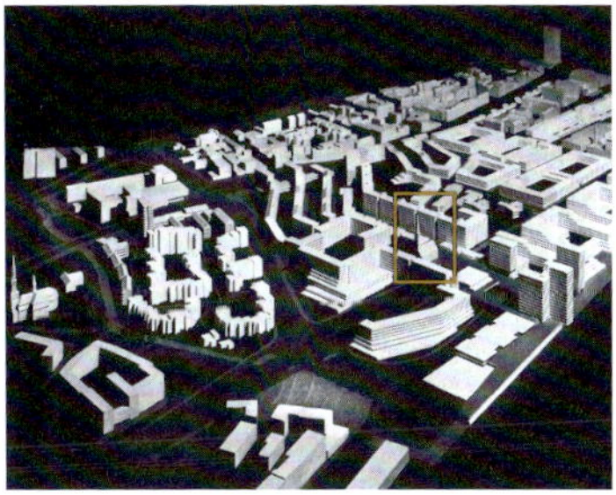

13+14 PLÄNE FÜR ST. PAULI-SÜD, 1960ER-JAHRE, IM RAHMEN DIE KIRCHE, UND BESETZTES HAUS IN DER HAFENSTRASSE, 1987

sodass die »Hafenstraße« heute aus zwölf Häusern besteht, die genossenschaftliches Eigentum sind. Eines von ihnen ist sogar ein Neubau (Bernhard-Nocht-Straße 26).

Der Konflikt um die Hafenstraße war nicht die erste Gelegenheit, bei der sich Begehrlichkeiten zeigten, die attraktive Lage von St. Pauli-Süd komplett umzugestalten und neu zu definieren. Bereits in der Zeit des Nationalsozialismus wurden Pläne entwickelt, das nördliche Elbufer zu einer repräsentativen Schauseite Hamburgs umzugestalten. Der Architekt Konstanty Gutschow (1902–1978) hatte für die Nazis einen gigantomanischen Plan entworfen, der den kompletten Abriss des südlichen Teils von St. Pauli und weiter Teile des benachbarten Altonas vorsah, um Platz für Verwaltungsgebäude, Aufmarschalleen und -plätze zu schaffen. Und auch in den 1960er Jahren kursierte noch einmal die Idee, den kompletten südlichen Teil St. Paulis bis auf die Kirche abzureißen, um Platz für neue Wohn- und Geschäftsbauten zu schaffen (Abb. 13).

Wir gehen nun auf Höhe der Balduinstraße links die Treppe hinunter zur Vorderseite der Häuser an der Hafenstraße und dann nach rechts weiter durch den kleinen, modernen »Schauermanns Park« zum »Antoni-Park«, der besser bekannt ist unter dem Namen »Park Fiction«.

7 PARK FICTION

In direkter Nachbarschaft zu den ehemals besetzten Häusern in der Hafenstraße wurde seit 2003 ein kleiner, sehr ungewöhnlicher Park realisiert. Seine Ursprünge gehen auf den Protest gegen einen Beschluss der Hamburger Bürgerschaft aus dem Jahr 1994 zurück, eine Brachfläche südlich der St. Pauli-Kirche zu bebauen, wodurch einer der letzten freien Blicke St. Paulis auf die Elbe verloren gegangen wäre. In der Folge entwickelte sich ein Projekt von Künstlern und Stadtteil-Aktivisten, dessen Ziel es war, die Freifläche für das alltägliche Leben der Bewohner des an Problemen reichen und Grünflächen armen Stadtteils St. Pauli zurückzugewinnen. In jahrelangen aufreibenden Kämpfen mit den Behörden und unter Einsatz kreativer Methoden und künstlerischer Herangehensweisen gelang es schließlich, einen neuartigen, ganz und gar artifiziellen Park entstehen zu lassen. Bei der Umsetzung fanden zumindest einige Wünsche und Ideen der Anwohner Berücksichtigung, und es entstand ein aus mehreren »Inseln« mit unterschiedlichen Urhebern und verschiedenartigen Funktionen bestehender Park, der es zum Beispiel ermöglicht, dass die Nutzer des Parks ihre Hängematten zwischen die stählernen Stämme der Palmen auf dem begrünten Dach einer benachbarten Turnhalle spannen. So kann man nun in der Sonne schaukelnd das unverstellte Elbpanorama genießen oder seinen Hund im kleinen Hundepark mit Buchsbaumpudelskulptur Gassi führen (Abb. 15).

Zur St. Pauli-Kirche kommen wir gleich zurück, doch zuvor geht es noch einmal runter ans Wasser und weiter zum St. Pauli-Fischmarkt. Über die Treppe links vom Park gelangen wir wieder an die Waterkant. Dabei passieren wir eine Institution des Hamburger Szenelebens, den Golden Pudel Club, und werfen, bevor wir über die Brücke auf die Promenade auf der anderen Straßenseite gehen, noch einen Blick nach links zu den »Riverkasematten«, einem schicken Lokal mit Außenbereich. Die Kasematten (ein aus dem Mittelgriechischen abgeleitetes Wort, das ursprünglich

15 PARK FICTION

geschützte, unterirdische Gewölbe in Festungen bezeichnete) waren 1865 als Markttunnel in den Hang hineingebaut worden. Zwischen 1957 und 1980 befand sich in einer der Kasematten der bekannteste Jazz-Club Hamburgs, wo auch Weltstars wie Count Basie, Ella Fitzgerald oder Duke Ellington auftraten und die Beatles probten. Auch Louis Armstrong jammte hier einmal eine Nacht mit Hamburger Musikern. Immer wieder wurden die Kasematten von Sturmfluten heimgesucht, bis mit der gegenüberliegenden Promenade ein wirkungsvoller Flutschutz errichtet wurde. Weiter geht es nun flussabwärts bis zum Fischmarkt.

Am Elbufer hatten sich in früheren Jahrhunderten oft Gewerbe angesiedelt, die viel Platz brauchten oder in der eigentlichen Stadt Hamburg nicht erwünscht waren. Hier gab es beispielsweise Werften (Abb. 16) oder Trankochereien, in denen in einem stinkenden Prozess das Fettgewebe von Walen und Robben ausgekocht und dadurch Öl gewonnen wurde, das bis Anfang des 20. Jahrhunderts zur Befeuerung von Lampen diente. Tran war der erste in großen Mengen verfügbare flüssige Brennstoff und seine Gewinnung der Hauptgrund für den Walfang in früheren Zeiten.

8 ST. PAULI-FISCHMARKT

Genau genommen dürften wir den Fischmarkt nicht in dieses Buch aufnehmen, denn abermals handelt es sich um eine Institution, die ihren Ursprung im Nachbarort Altona hatte. Das heißt auch, dass wir nun von der Ost- zur Westgrenze des Stadtteils spaziert sind, was seine beengten Dimensionen ein weiteres Mal unterstreicht.

Die Grenze zwischen Hamburger und Altonaer Gebiet verlief entlang des Bachs »Pepermölenbek«, der kurz vor dem heutigen Fischmarktgelände in die Elbe mündete und seit 1339 als Grenze fungierte. Gleich östlich des Grenzbachs befand sich schon seit 1245 für einige Jahrzehnte das Kloster Herwardeshude, das als eine Keimzelle St. Paulis angesehen werden kann. 1295 zogen die dort ansässigen Zisterzienserinnen jedoch an die Alster (vgl. Rundgang 1).

Zu diesem Zeitpunkt existierte der Ort Altona noch gar nicht. Erst gut zweihundert Jahre später, 1535, wurde er erstmals erwähnt. In den folgenden Jahrhunderten haben die Hamburger die »all to nah« gelegene Nachbarstadt, die mehr als zweihundert Jahre ihrer Geschichte zum dänischen Staatsverband gehörte und von den dänischen Machthabern massiv protegiert wurde, immer wieder als Konkurrenz wahrgenommen. Selten hatte die viel größere Handelsmetropole allerdings ernsthaft etwas zu befürchten – außer vielleicht beim Fisch! Ihren Fischmarkt eröffneten die Altonaer schon 1703. Bis zum Ende des 19. Jahrhunderts entwickelten sich Fischhandel und Fischverarbeitung zu einem der wichtigsten Wirtschaftszweige Altonas. Als Fischereihafen war Altona Bremerhaven und Cuxhaven in jenen Tagen ebenbürtig.

Hamburg etablierte seinen Fischmarkt 1880 direkt neben dem Altonaer Markt. Um die Jahrhundertwende wuchsen diese beiden Märkte dann re-

16+17 WERBEPLAKAT EINER WERFT, 1850, UND HAMBURGER FISCHAUKTIONSHALLE, UM 1930

gelrecht zusammen. Der trichterförmige Platz des Altonaer Fischmarkts entstand zwischen 1884 und 1895. 1895/96 kam die Fischauktionshalle hinzu, in der der angelandete Fisch an die Fischhändler versteigert wurde. Die Halle ist ein schönes Beispiel dafür, wie die profanen Bauten des Industriezeitalters eine ansprechende und aufwendige Gestaltung erhielten, die oft Anleihen bei der Sakralarchitektur nahm, hier bei der Grundstruktur einer Basilika. Nachdem die Halle in den 1970er Jahren ihre Funktion verlor, blieb sie zum Glück erhalten und wird seit ihrer Restaurierung als Veranstaltungsort genutzt; zumindest so lange, wie keine Sturmflut dazwischenkommt, die den Platz und die Halle unter Wasser setzt. Übrigens hatte auch Hamburg eine Fischauktionshalle aus derselben Zeit direkt nebenan in St. Pauli. Diese wurde jedoch 1971 abgerissen (Abb. 17).

Gut zu erkennen ist, dass rund um den Fischmarkt erst in den 1980er Jahren Baulücken geschlossen wurden, die Krieg und Wiederaufbau gerissen hatten, wobei sich die Neubebauung recht stimmig zum alten Baubestand fügt. In attraktiver Lage wurden hier erschwingliche Wohnungen geschaffen und neue Gastronomien etabliert. Ein skurriles Detail mit betrüblichem Hintergrund ist der durchlöcherte Butt auf dem Ecktürmchen zur Großen Elbstraße, der einen Verweis auf die miserable Wasserqualität der Elbe in den 1980er Jahren darstellt (Abb. 18). Bebauung und Nutzungsvorgaben zielten auch darauf, mehr Touristen anzulocken – und zwar

18 DURCHLÖCHERTER BUTT

nicht nur am Sonntagmorgen, wenn der eigentliche Fischmarkt stattfindet. Dass es dort außer Fisch noch viele andere Dinge zu erstehen gibt, scheint niemanden zu stören, denn letztlich ist der Fischmarkt eine Institution, bei der die Show stimmen muss. Hauptsache, die Marktschreier machen ordentlich Wirbel, derbe Sprüche und geben jedem Käufer das Gefühl, speziell ihm einen besonders guten Preis gemacht zu haben. Für viele stellt ein Besuch auf dem Fischmarkt ohnehin nur den Abschluss eines nächtlichen Zugs durch die Kneipen St. Paulis dar, der hier mit einem letzten Bier oder dem Kaffee danach ausklingt. Dass sich das ganze Spektakel besser unter der Marke »St. Pauli« als mit der historisch korrekten Bezeichnung »Altona« verkaufen lässt, ist klar (mehr zum Fischmarkt und Altona im Altona & Ottensenbuch).

Verlassen wir nun den Fischmarkt über den kleinen Durchgang im nördlichen Bereich der Randbebauung bei den Skulpturen der Marktbeschicker. Danach geht es rechts über die Ampel und geradeaus den Pinnasberg hinauf zurück zur St. Pauli-Kirche.

9 ST. PAULI-KIRCHE/HEIN-KÖLLISCH-PLATZ

Ihre erste Kirche erhielt die Vorstadt »Hamburger Berg« 1682. Dabei handelte es sich um eine kleine Fachwerkkapelle mit nebenstehendem Glockenturm. Zu jener Zeit lebten hier rund 2000 Menschen, vornehmlich nahe der Grenze zu Altona. Vor den Hamburger Wallanlagen war das Gelände als sogenanntes Glacis, also als offenes Schussfeld vor der Stadtbefestigung, freizuhalten. Doch war die Wohnsituation für die Vorstadtbewohner insgesamt sehr unsicher, weil die Häuser aus verteidigungstechnischen Gründen jederzeit hätten abgerissen werden können (vgl. Rundgang 1). Die Mieten auf dem Hamburger Berg waren von daher auch geringer als in der eigentlichen Stadt, und so lebten hier vor allem

19+20 ZERSTÖRUNG DER BEBAUUNG AUF DEM HAMBURGER BERG, 1814, UND ST. PAULI-KIRCHE, 1904

ärmere Leute wie Handwerker, Krämer, Tagelöhner oder Lastenträger, denen das Leben innerhalb des Wallrings zu teuer war.

Rund um die Kirche entwickelte sich das Zentrum der Vorstadt. Im gleichen Jahr wie die Kirche wurde auch die Sternschanze gebaut, die während der dänischen Belagerung Hamburgs 1686 eine wichtige Rolle spielte (vgl. Rundgang 4). Für den Hamburger Berg bedeuteten die fünftägigen Kämpfe Zerstörungen, vor allem durch Hamburger Kugeln, die die Vorstadt trafen, sowie durch gezielte Abrisse.

Ein weiteres Mal – und dieses Mal komplett – wurde der Hamburger Berg während der französischen Besetzung Hamburgs 1814 zerstört. Damit sich hier keine potenziellen Angreifer verschanzen könnten, legten die Franzosen am 3. Januar 1814 in der gesamten Vorstadt Feuer (Abb. 19). Doch bereits bis 1820 entstand ein großer Teil der Gebäude entlang eines regelmäßigen Straßensystems mit Frauen- und Männernamen neu – dies allerdings weiterhin unter der Prämisse, dass sie nicht höher als zwölf Meter sein dürften und notfalls erneut für Hamburgs Verteidigung weichen müssten.

Auch vor der Kirche machten die Franzosen nicht halt, und so entstand 1819/20 nach Plänen des Hamburger Baudirektors Carl Ludwig Wimmel (1786–1845) ein neuer, klassizistischer Bau (Abb. 20). Aus Kostengründen

21 DECKBLATT »DE PINGSTTOUR«

wurde dabei zunächst auf einen Kirchturm verzichtet, den die Kirche erst 1864 erhielt. Mit der Kirche zusammen entstanden außerdem zwei Kirchenhäuser und ein Predigerhaus. 1846 folgte dann noch das Schulhaus, das heutige Gemeindehaus und Kindertagesheim. Aus dem »Hamburger Berg« war zu jener Zeit bereits »St. Pauli« geworden, 1833 so benannt nach der Kirche. Im Inneren ist der schlichte, helle Backsteinbau als Tonnengewölbe mit einer von dünnen schmiedeeisernen Pfeilern getragenen Empore und einem Kanzelaltar gestaltet. Der Fußboden besteht, passend zur räumlichen Nähe der Kirche zum Hafen, aus Schiffsplanken, auf denen seit einigen Jahren keine Kirchenbänke mehr stehen, da die Gemeinde sich für eine mobile Bestuhlung zwecks flexiblerer Nutzung des Kirchenraums ausgesprochen hat.

Unser letztes Stück Weg führt uns nun über den Hein-Köllisch-Platz, die Trommelstraße und die Lincolnstraße zur S-Bahn-Station Reeperbahn.

Der Hein-Köllisch-Platz ist nach einem Ende des 19. Jahrhunderts sehr bekannten lokalen Sänger und Liedtexter benannt, der an diesem Platz aufwuchs. Heinrich Köllisch (1857–1901) sang und erzählte auf Plattdütsch und betrieb ab 1894 ein eigenes Varieté am Spielbudenplatz. Mehr als 150 »Couplets«, so heißen die witzigen, oft zweideutigen politischen oder satirischen Lieder mit schmissigem Refrain, stammen aus seiner Feder, darunter in Hamburg noch heute bekannte Stücke wie »Snuten un Poten« oder »De Pingsttour« (Abb. 21).

Heute befindet sich am Hein-Köllisch-Platz abseits des Trubels rund um die Reeperbahn manch nette Gastronomie und mit den Räumen der »Gemeinwesenarbeit St. Pauli« auch einer der Hauptakteure der Stadtteilarbeit und des Kampfs gegen Kommerz und Gentrifizierung.

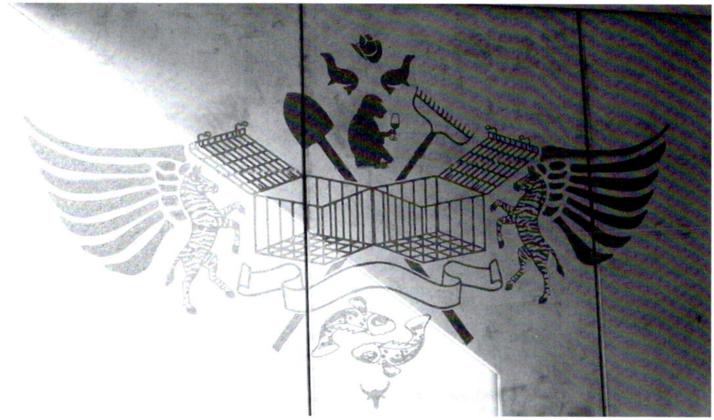

22 GEBÄUDESCHMUCK ZUR ERINNERUNG AN DIE FAMILIE HAGENBECK IN DER LINCOLNSTRASSE

Wir spazieren nun die Trommelstraße ein Stück entlang und biegen an der nächsten Kreuzung nach rechts in die Lincolnstraße ein. Die 2006 hier fertiggestellten Wohnhäuser weisen an einigen Stellen mit Verzierungen auf die Familie Hagenbeck hin, denn der Tierpark-Gründer Carl Hagenbeck wurde hier geboren, und sein Vater betrieb in einem der für den Neubau abgerissenen historischen Häuser von etwa 1830 seinen Fischhandel (Abb. 22).

Geradeaus weiter gelangen wir zur Reeperbahn und zum Endpunkt dieser Tour. Von hier aus können wir gleich in den ersten Rundgang einschwenken und diesen in rückwärtiger Richtung machen – oder wir treten den Heimweg an.

BARS / KNEIPEN / NACHTLEBEN

→ *Ditmar-Koel-Straße:* zahlreiche Cafés und Restaurants vornehmlich mit portugiesischen und spanischen Wurzeln

Golden Pudel Club
St. Pauli Fischmarkt 27
www.pudel.com
→ *»Elbphilharmonie der Herzen«*

Kogge
Bernhard-Nocht-Straße 59
www.kogge-hamburg.com
→ *Rock'n'Roll-Hotel und Kneipe*

Nochtspeicher
Bernhard-Nocht-Straße 69 A
www.nochtspeicher.de
→ *Musik, Literatur und Tanz im ehemaligen Erotic Art Museum*

20up
Bernhard-Nocht-Straße 97
www.empire-riverside.de/lounge_bar_hamburg.aspx
→ *Bar mit bestem Hafenblick im Empire Riverside Hotel*

Washington Bar
Bernhard-Nocht-Straße 79
www.washingtonbar.de
→ *Bar-Institution mit kleiner Tanzfläche*

CAFÉS / RESTAURANTS

Abendmahl
Hein-Köllisch-Platz 6
www.restaurantabendmahl.de
→ *Restaurant mit schönem Außenbereich*

Amphore
St. Pauli Hafenstraße 140
www.cafe-amphore.de
→ *Café-Bar im ehemaligen Edelbordell*

Cuneo
Davidstraße 11
www.cuneo1905.de
→ *italienisches Restaurant mit über hundertjähriger Tradition*

Doppelschicht
Lange Straße 6
→ *handfeste Kneipe*

Haus 5
Seewartenstraße 5
www.haus5.info
→ *gemeinnütziger Restaurantbetrieb*

Schatto Pauli
Kastanienallee 32
www.tivoli.de/gastro/schatto-pauli.html
→ *Restaurant der Schmidt/Tivoli-Familie*

Schauermann
St. Pauli Hafenstraße 136-138
www.restaurant-schauermann.de
→ *schickes Restaurant am Hafenrand*

LÄDEN

Cap San Diego Shop
Rambachstraße 13
www.capsandiego.de
→ *von Ehrenamtlichen betriebener Shop des Museumsfrachters*

Elbufer
Ditmar-Koel-Straße 32
www.elbufer.de
→ *Maritimes und schöne Hamburg-Sachen im Portugiesenviertel*

Servus Hamburg
Rambachstraße 13
→ *Bajuwarisch-hanseatischer Laden für Geschenke und Bücher*

HOTELS

Empire Riverside
Bernhard-Nocht-Straße 97
www.empire-riverside.de
→ *exklusives Hotel im Brauquartier*

Hotel Hafen Hamburg
Seewartenstraße 9
www.hotel-hafen-hamburg.de
→ *um- und ausgebautes ehemaliges Seemannsheim mit Elbblick*

Hotel Hanseport
Erichstraße 18
www.hotel-hanseport.de
→ *Drei-Sterne-Hotel*

FREIZEIT / SPORT

Hamam Hafen Hamburg
Seewartenstraße 10
www.hamam-hamburg.de
→ *türkisches Wohlfühlbad*

Tanzstudio La Yumba
Kastanienallee 9, www.layumba.de
→ *Tanzschule für Tango und Salsa*

KULTUR

Hafenklang
Große Elbstraße 84
www.hafenklang.org
→ *Live-Location von Punk bis Elektro*

SOZIALES / NON-PROFIT

Cafee mit Herz
Seewartenstraße 10
www.cafeemitherz.de
→ *Speisen, Getränke, Kleidung und Hilfe für obdachlose und arme Menschen*

GWA St. Pauli
Hein-Köllisch-Platz 11/12
www.gwa-stpauli.de
→ *Zentrum der sozialkrit. Stadtteilarbeit*

St. Pauli-Kirche
Pinnasberg 80, www.stpaulikirche.de
→ *sozial aktive Gemeindearbeit und Stadtteilkirche*

LEUTE AUS ST. PAULI & DER SCHANZE

HANS ALBERS (1891–1960) verkörperte in zahlreichen auf St. Pauli spielenden Filmen bärbeißige Seemänner mit dem Herz am rechten Fleck. Geboren wurde Albers als Sohn eines Schlachters im Hamburger Stadtteil St. Georg, wo er auch aufwuchs. Für Schauspielengagements kehrte Albers immer wieder nach Hamburg zurück, auch wenn er größtenteils am

Starnberger See lebte. Albers gelang es, vor, während und nach der Nazi-Zeit erfolgreich zu sein. Zwar beteiligte er sich an der Produktion von propagandistischen Spielfilmen, hielt aber andererseits eine gewisse Distanz zur NS-Führung. Nach seinem Tod wurde der Wilhelmplatz auf St. Pauli 1964 nach ihm benannt.

ERNST BADER (1914–1999) war ein aus Stettin stammender Schauspieler, Komponist und vor allem Liedtexter. Nach dem Zweiten Weltkrieg kam Bader nach Hamburg und arbeitete für einen Musikverlag. Bader ist der – nur wenig bekannte – Verfasser einiger der berühmtesten deutschen Schlager wie zum Beispiel »Heimweh«, »Am Tag als der Regen kam« oder »Tulpen aus Amsterdam«. Seine Songs wurden von Stars wie Marlene Dietrich, Hildegard Knef, Édith Piaf oder Charles Aznavour gesungen.

WILHELM (»WILLI«) BARTELS (1914–2007) galt zu Lebzeiten als größter Grundbesitzer St. Paulis und ungekrönter »König von St. Pauli«. Bartels baute sein Imperium ausgehend von einem erfolgreichen Unterhaltungsetablissement auf der Großen Freiheit schrittweise auf. Dabei versuchte er stets, nicht Teil des Rotlicht-Milieus zu sein, auch wenn er lukrative Mietverträge mit Bordellbetreibern abschloss. Unbestritten sind sein großer Einsatz für den Stadtteil, beispielsweise in der von ihm 1985 mitgegründeten »Interessengemeinschaft St. Pauli«, und sein Einfluss auf die Stadtteilentwicklung (Hotel Hafen Hamburg, Empire Riverside Hotel und »Brauquartier«).

THE BEATLES (1960–1970) waren die erfolgreichste und berühmteste Band der Welt. Zwischen 1960 und 1962 spielten sie 279 Mal in Hamburger Clubs, bevor sie weltweit berühmt wurden. Auch die Pilzkopf-Frisuren legten die Beatles sich in Hamburg zu.

JAN FEDDER (geb. 1955) ist ein auf St. Pauli als Sohn eines Kneipenwirts und einer Tänzerin aufgewachsener Schauspieler, der in seinen Rollen, zum Beispiel in der NDR-Serie »Großstadtrevier«, meist kantige Typen mit breitestem norddeutschen Slang verkörpert. Neben der Schauspielerei hat Fedder auch zwei Schallplatten mit der Hamburger Punkband »Big Balls« aufgenommen.

ANNA FÜHRING (1866–1929), Tochter eines Gastronomen und Theaterdirektors aus St. Pauli, erlangte als Schauspielerin in der Rolle der »Germania« eine gewisse Berühmtheit. Ihr Bild ging um die Welt, nachdem sie auf Wunsch Kaiser Wilhelms II. für die »Germania«-Briefmarken des Deutschen Reichs Modell gestanden hatte, die anschließend gut zwanzig Jahre in Gebrauch waren.

CARL GOTTFRIED WILHELM HEINRICH HAGENBECK (1844–1913) war der Gründer des berühmten Hamburger Tierparks. Hagenbeck wurde auf St. Pauli geboren und übernahm 1866 die dortige Handelsmenagerie seines Vaters, die er zur größten ihrer Art in Deutschland machte. Hierauf aufbauend gründete er einen Tierpark, der ab 1874 am Neuen Pferdemarkt, von 1907 an dann am heutigen Standort in Stellingen Besucher anlockte. Galt die Gestaltung des Zoos in Stellingen als für die Tiere vorbildlich, so war die Ausstellung von »wilden« Menschen aus fernen Ländern im Rahmen sogenannter »Völkerschauen« zwischen 1875 und 1931 aus heutiger Sicht mehr als fragwürdig.

VOLKER IPPIG (geb. 1963), ehemaliger Torwart des FC St. Pauli, verkörperte Ende der 1980er Jahre wie kein anderer den Mythos des »etwas anderen Vereins«. Der aus Ostholstein stammende Ippig kam als 18-Jähriger zum FC und machte in der Budapester Straße sein Abitur. Nach der Schule war er unter anderem als Aufbauhelfer in Nicaragua. Ippig, der zeitweilig in den besetzten Häusern der Hafenstraße lebte, wurde 1986 Stammtorwart der Braun-Weißen, mit denen er auch in der Bundesliga spielte. Verletzungsbedingt musste er Anfang der 1990er Jahre seine Karriere beenden. Nach seiner Zeit als aktiver Fußballer arbeitete er als Fußballtrainer und Hafenarbeiter.

OLIVIA JONES, 1969 in Springe geborene Berufs-Drag-Queen, die eigentlich auf den Namen Oliver Knöbel hört, lebt seit Ende der 1980er Jahre in Hamburg und erarbeitete sich von hier aus ihren Ruhm als Travestiekünstlerin, unter anderem mit Programmen im Pulverfass und im Schmidt Theater. Zahlreiche Auftritte im Fernsehen als Moderatorin und Teilnehmerin vieler Shows machten sie auch deutschlandweit bekannt. Jones betreibt heute unter anderem ein Männerstriplokal, eine Bar und eine Travestie-Showbar auf St. Pauli.

HEINRICH »HEIN« KÖLLISCH (1857–1901) war Ende des 19. Jahrhunderts einer der berühmtesten Entertainer auf St. Pauli. Köllisch, gelernter Schlosser, wurde 1892 in seiner Stammkneipe im Schanzenviertel entdeckt, wo er plattdeutsche Lieder und Couplets zum Besten gab. Nach Auftritten in verschiedenen Varietés am Spielbudenplatz betrieb er dort ab 1894 sein eigenes Theater. Bis heute sind einige seiner Lieder, zum Beispiel »De Pingsttour«, in Norddeutschland bekannt.

UDO GERHARD LINDENBERG (geb. 1946), gelernter Kellner und Schlagzeuger, zog 1968 nach Hamburg. Seinen Durchbruch als Musiker hatte Lindenberg 1973 mit der LP »Andrea Doria«. Es gelang ihm, das Genre des »Deutsch-Rock« neu zu definieren und immer wieder erfolgreiche Alben zu produzieren. Einige seiner Lieder beschäftigen sich mit St. Pauli. Er ist der einzige Musiker, zu dessen Ehren ein Stern im Pflaster der Reeperbahn eingelassen ist.

CORNELIUS »CORNY« LITTMANN (geb. 1952) betreibt auf St. Pauli unter anderem das Schmidt Theater und das Schmidts Tivoli. Anfang der 1990er Jahre feierte er im Fernsehen mit der »Schmidt Mitternachtsshow« große Erfolge. Littmann, der seit 1970 in Hamburg lebt, trat in den 1970er Jahren mit der schwulen Theatergruppe »Brühwarm« auf und ist bis heute politisch insbesondere zu Fragen der Gleichstellung Homosexueller aktiv. 1980 war er erfolgloser Hamburger Spitzenkandidat der GAL bei der Bundestagswahl und zwischen 2003 und 2010 Präsident des FC St. Pauli.

EMIL NAUCKE (1855–1900) stammte von der Insel Poel und war ein erfolgreicher Ringer, Seiltänzer und artistischer Radfahrer, der Ende des 19. Jahrhunderts ein eigenes Varieté-Theater am Spielbudenplatz betrieb. Naucke wog irgendwann weit über zweihundert Kilogramm, und sein Bauchumfang war größer als das Längenmaß seines Körpers von 1,70 Meter. Als »starker Mann« konnte Naucke schwere Gewichte herumwirbeln und wurde als Ringer, der durch Europa und die USA reiste, nur selten besiegt.

Trotz seiner Leibesfülle konnte er sich wohl erstaunlich grazil bewegen, was seine Paraderolle, die das Publikum immer wieder zu Lachsalven hinriss, bewies: Im Ballettröckchen trat der Koloss als »Pauline« gemeinsam mit dem nicht mal einen Meter messenden, nur gut zwanzig Kilo leichten Kleinwüchsigen »Zwerg Hansen« auf, der ihm auf der Bühne den Hof machte.

FLORA NEUMANN (1911–2005) war eine aus dem Karolinenviertel stammende jüdische Widerstandskämpferin. Neumann ging auf die Israelitische Töchterschule in der Karolinenstraße. In der Nazi-Zeit floh sie 1938 mit ihrem Sohn nach Belgien und Frankreich und war im Widerstand gegen Hitler aktiv. Nach ihrer Verhaftung 1943 folgte die Deportation nach Auschwitz. Neumann überlebte die KZ-Haft und auch den Todesmarsch nach Ravensbrück. Nach ihrer Rückkehr nach Hamburg betrieb sie mit ihrem Mann eine Wäscherei im Karolinenviertel. Bis ins hohe Alter ging sie als Zeitzeugin in Hamburger Schulen und berichtete über die Nazi-Zeit und den Holocaust.

DOMENICA ANITA NIEHOFF (1945–2009) arbeitete viele Jahre als Prostituierte auf St. Pauli und setzte sich für die Rechte der Sex-Arbeiterinnen und die Anerkennung der Prostitution als Berufsstand ein. Durch Auftritte in Fernseh-Talkshows wurde sie zur bekanntesten Prostituierten Deutschlands. Später arbeitete sie als Streetworkerin auf St. Georg in der Beratung drogensüchtiger Prostituierter, die einen Weg aus dieser Tätigkeit finden wollten, und betrieb zeitweilig eine Bar.

FREDDY QUINN (geb. 1931), Sohn eines irischen Vaters und einer österreichischen Mutter, war zwischen Mitte der 1950er und Mitte der 1960er

Jahre mit zehn Nummer-Eins-Hits der erfolgreichste Schlagersänger in Deutschland. Nachdem er sich als junger Mann als Musiker und Zirkusartist durchgeschlagen hatte, wurde er 1954 in der Washington Bar in der Bernhard-Nocht-Straße entdeckt und erhielt einen Plattenvertrag. Im Laufe seiner Karriere arbeitete er auch als TV-Moderator und Schauspieler, z.B. im Operettenhaus auf St. Pauli.

ACHIM REICHEL (geb. 1944) ging auf St. Pauli zur Schule und absolvierte eine Kellnerlehre an den Landungsbrücken, ehe er in den 1960er Jahren als Mitglied der Band »The Rattles« einer der berühmtesten deutschen Beat-Musiker wurde. Die Rattles gingen sowohl mit den Rolling Stones als auch mit den Beatles auf Tournee und gehörten im Star-Club, dessen Mitbetreiber Reichel Ende der 1960er Jahre war, fast zum Inventar. Nach einer psychedelischen Phase Anfang der 1970er Jahre wendete sich Reichel Volks- und Seemannsliedern sowie Lyrik-Vertonungen (»Herr von Ribbeck auf Ribbeck im Havelland«) zu, hatte aber immer wieder auch rockigere Hits (»Der Spieler« oder »Aloha Heja He«).

HARRY ROSENBERG (1925–2000) gründete 1954 »Harry's Hamburger Hafenbasar«, ein Geschäft, in dem man von Seeleuten aus aller Welt mitgebrachte »exotische« Dinge bestaunen und auch erstehen konnte. Rosenberg, der selbst zur See gefahren war, hatte das Geschäft mit Gegenständen aus seinem eigenen Besitz und dem Nachlass von Käpt'n Haase gestartet, der in der Erichstraße bis 1934 eine mit Exotika dekorierte »Museumskneipe« betrieben hatte. Jahrzehntelang befand sich Harry's Hafenbasar, für dessen Besuch man Eintritt bezahlen musste, in der Bernhard-Nocht-Straße. 1996 übernahm Harrys Tochter Karin das Geschäft. Es folgten mehrere Umzüge, ehe das Geschäft von 2001 bis zu Karins Tod 2011 in der Erich-

straße seinen Sitz hatte. Die Sammlung wurde mittlerweile verkauft und ist nun zum Teil auf einem Schwimmkran im Traditionsschiffhafen am Sandtorkai zu besichtigen.

ERWIN ROSS (1926–2010), auch gern als »Rubens von der Reeperbahn« betitelt, war ein Kunstmaler. Ross siedelte 1954 aus der DDR nach Hamburg über, wo er bereits als Plakat- und Großbildmaler im Auftrag des Sozialismus aktiv gewesen war. Seit den 1960er Jahren erlangte er mit seinen erotischen Malereien einige Berühmtheit, mit denen sich in der Folge zahlreiche Kneipen und Sex-Clubs auf St. Pauli schmückten. Auch die berühmten gespreizten Frauenbeine am Eingang der Kneipe »Zur Ritze« stammen von Erwin Ross.

TONY SHERIDAN (1940–2013) war ein Weggefährte der Beatles und einer der ersten Beat-Musiker. Geboren als Anthony Esmond Sheridan McGinnity, verschlug es den aus Norwich stammenden Gitarristen 1960 nach Hamburg. Sheridan trat hier in den Folgejahren vielfach auf, zum Beispiel im Kaiserkeller, im Top Ten und im Star-Club. 1961 spielte er eine LP mit den »Beat Brothers« ein – einem Pseudonym der Beatles. Sheridan lebte lange Zeit in und um Hamburg und absolvierte weltweit Auftritte und Tourneen.

THETJE (geb. 1885) ist die Hauptfigur des vom Hamburger Polizisten Julius Schölermann verfassten Theaterstücks »Familie Eggers«, das mit großem Erfolg im St. Pauli-Theater aufgeführt wurde. Der stets gut gelaunte Unterschichtler Thetje wird im Stück gefragt, ob er Arbeit habe, worauf er antwortet: »Nee, Arbeit nich – ober Utsichten«. »Thetje mit de Utsichten« wurde in Hamburg zum geflügelten Wort für jemanden, der immer auf das Gute hofft und doch nie wirklich zum Ziel kommen wird.

ERNA THOMSEN (1924–2012) war die legendäre Wirtin der Kneipe Silbersack, die sie nach dem Zweiten Weltkrieg mit ihrem Mann Friedrich aufgebaut hatte. Nach dem Tod des Gatten 1958 führte sie die Gaststätte weiter, die sich von einer Seemanns- und Arbeiterkneipe zu einer Institution des Stadtteils entwickelte und sowohl von Prominenten aufgesucht wurde als auch Touristen sowie Menschen aus der Nachbarschaft in Scharen anzog.

LILO WANDERS ist die Travestie-Figur des 1955 geborenen Schauspielers Ernst-Johann (»Ernie«) Reinhardt. Reinhardt kam Anfang der 1970er Jahre nach Hamburg und trat mit schwulen Theatergruppen und als Solist auf, ehe er 1988 mit Corny Littmann das Schmidt Theater eröffnete. Dort entwickelte er die Rolle der alternden Theaterdiva Lilo Wanders, mit der er es zu deutschlandweiter Bekanntheit brachte.

SCHANZENVIERTEL 4

U-Bahn-Station Sternschanze * Wasserturm/Schanzenpark * nördliches Schanzenviertel * Schulterblatt * Rote Flora * Bartelsstraße/Susannenstraße * Schanzenstraße/Kampstraße/Ludwigstraße * Neuer Pferdemarkt * Beckstraße/Schlachthof

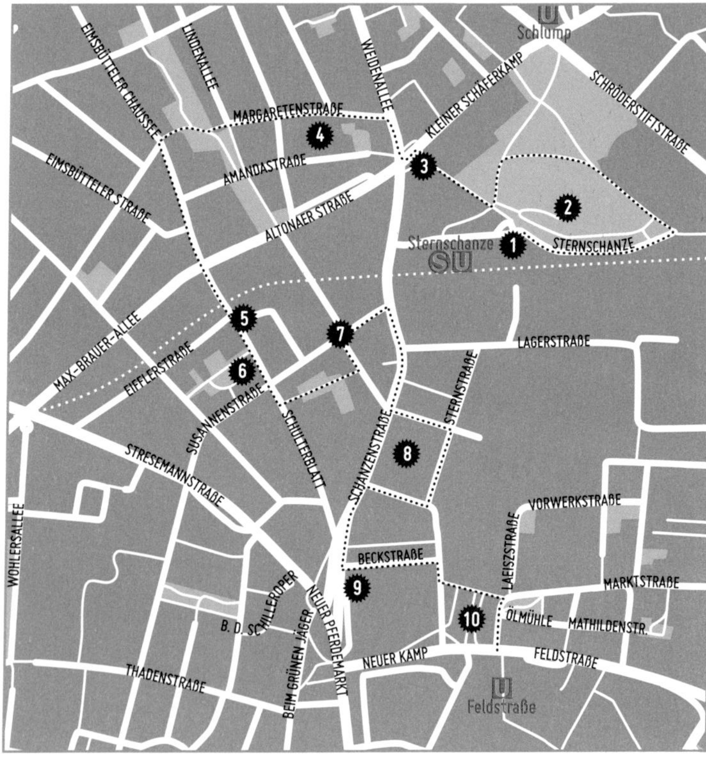

STARTPUNKT: U-Bahn-Station Sternschanze
ENDPUNKT: U-Bahn-Station Feldstraße
DAUER: 1,5 bis 2 Stunden

Dieser Rundgang führt durch das Schanzenviertel, also das nördliche Grenzgebiet St. Paulis, das heute zum größten Teil zu Altona gehört und an Eimsbüttel anschließt. Das Schanzenviertel war noch vor wenigen Jahrzehnten ein kaum beachteter Stadtteil Hamburgs, ein Industrie- und Arbeiterviertel, das in vielem, wie auch das Karolinenviertel (vgl. Rundgang 5), durch die Nähe zum Schlachthof geprägt war. Erst in den 1980er Jahren wurde die Bezeichnung als »Schanzenviertel« geläufig. Seither hat sich ein umfassender Wandel vollzogen, der die »Schanze«, wie das Quartier meist kurz genannt wird, zu einem hippen Szeneviertel Hamburgs gemacht hat, das in keinem Reiseführer mehr fehlt. Seit 2008 ist sie sogar ein eigenständiger Stadtteil – und zwar der flächenmäßig kleinste, ein besonders dicht besiedelter und, zusammen mit der Hafencity, der jüngste Hamburgs. Doch ist der Stadtteil nicht nur Schauplatz einer neuen Hipster-Szene, sondern auch einer der wenigen, in denen sich nach wie vor politische Gegenentwürfe artikulieren und manifestieren. Konkrete, ortsgebundene Konflikte erreichen hier oft, wie im Falle des Umbaus des ehemaligen Wasserturms (vgl. Station 2) oder der »Roten Flora« (vgl. Station 6), eine gesamtgesellschaftliche Dimension. Aufgrund ihrer gestiegenen Attraktivität ist die »Schanze« jenes Viertel Hamburgs, das in den letzten Jahren am stärksten vom Phänomen der Gentrifizierung (vgl. Exkurs S. 96) betroffen war. Als Folge dessen sind viele alteingesessene Mieter trotz vielfältiger Proteste und der starken Politisierung des Viertels weggezogen und haben einer zahlungskräftigeren Klientel Platz gemacht, die bereit ist, das Flair des Viertels mit hohen Mieten zu bezahlen.

Vom Bahnhof Sternschanze führt unser Weg in den auch heute noch immer etwas ruhigeren nördlichen Teil des Viertels und dann kreuz und quer durch die quirligen Straßen rund um das Schulterblatt und die Schanzenstraße bis zur U-Bahn-Station Feldstraße.

1 U-BAHN-STATION STERNSCHANZE

Die wichtigsten Gründe für die Entstehung eines neuen Stadtteils in dieser Gegend und insbesondere dessen Entwicklung zu einem Massenwohnungs- und Industrieviertel liegen vornehmlich in Entscheidungen, die in der zweiten Hälfte des 19. Jahrhunderts getroffen wurden. Denn ursprünglich lag das Schanzenviertel genau wie der Rest St. Paulis außerhalb der Festungsanlagen Hamburgs, die die Stadt im frühen 17. Jahrhundert hatte errichten lassen.

Das Gebiet vor den Wallanlagen, das in diesem Bereich bis zur Reformation zum Grundbesitz des Klosters Herwardeshude und danach der Stiftung St. Johannis gehörte, wurde bis weit ins 19. Jahrhundert hinein landwirtschaftlich genutzt. Hier wurde Vieh geweidet sowie Getreide, Obst und Gemüse angebaut. Erste Parzellierungen und Wohnungsbauten erfolgten 1842 an der Bartelsstraße (vgl. Station 7), doch richtig los ging es erst in den 1860er Jahren mit einer weiteren Erschließung und Besiedelung für urbane Nutzungen. Drei Dinge haben daran entscheidend mitgewirkt: Erstens wurde 1860/61 in Hamburg die Torsperre aufgehoben, sodass man in der Folge jederzeit in die Stadt hinein- und wieder herauskam, was die Gegenden rund um die alte Festung für die Stadterweiterung prädestinierte. Zweitens wurde zwischen 1864 und 1866 die »Verbindungsbahn« gebaut. Diese Bahnstrecke verband Altona und seine Bahnlinie nach Norden mit dem »Klosterthor«-Bahnhof in Hamburg. Vor dem Bau des Hauptbahnhofs boten mehrere Bahnhöfe in Hamburg Reisemöglichkeiten in die anderen Teile Deutschlands. Drittens wurde 1867 jenseits der Gleise ein Teil des Viehmarkts Hamburgs angesiedelt (ein weiterer Teil bestand zu jener Zeit bereits westlich des Heiligengeistfelds, vgl. Rundgang 2). Um 1890 folgte dann noch der Bau des Schlachthofs zwischen den Viehmarktgeländen. Der Bahnhof »Sternschanze« wurde als Hamburger

1 ALTER STERNSCHANZENBAHNHOF, 1906

Viehbahnhof zur Lagerstraße hin ausgebaut, was erheblich zur weiteren Entwicklung des heutigen Schanzen- und auch des Karolinenviertels beitrug, da die Gleise auch zum Abtransport von hier produzierten Industriewaren genutzt werden konnten.

Gehen wir nun von der U-Bahn-Station aus rechts an den Gleisen entlang in Richtung Wasserturm. Wir passieren dabei den Eingang zum Hotel im Wasserturm, der durch einen Tunnel mit dem eigentlichen Gebäude verbunden ist (mehr zum Wasserturm an der nächsten Station). Einige Meter weiter erreichen wir ein alleinstehendes älteres Gebäude, den ersten Bahnhof »Sternschanze«, ein spätklassizistischer Bau von 1865 (Abb. 1), der kurz nach 1900 durch ein größeres Bahnhofsgebäude ersetzt wurde, welches sich am heutigen Standort der S-Bahn-Station befand. Dieser zweite Bahnhof »Sternschanze« war eine zweihallige Stahlskelettkonstruktion, ähnlich dem Dammtor-Bahnhof, die erst 1974/75, bis auf einige rudimentäre Reste

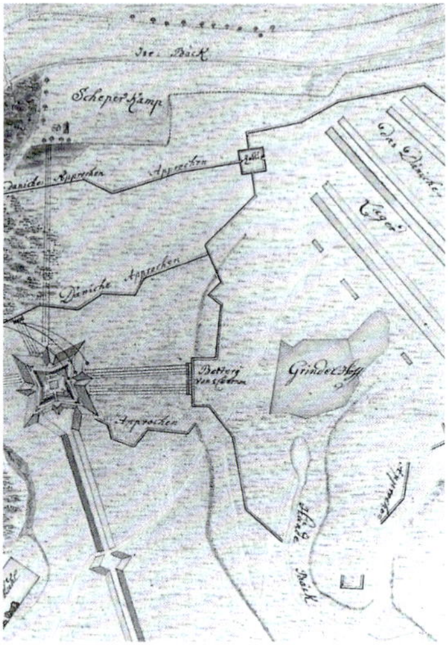

2 DÄNISCHE BELAGERUNG, 1686

an der Schanzenstraße, abgerissen wurde. Bis 1962 hielten hier sogar die Fernzüge. An dieser Stelle lässt sich die ursprüngliche Gleisführung der Verbindungsbahn noch nachvollziehen: Mehr als drei Jahrzehnte rollten die Züge ebenerdig durch die Stadt, wodurch zahlreiche Bahnübergänge an den Straßen den restlichen Verkehr behinderten. Kurz nach 1900 fuhren die Züge dann auf einem Bahndamm und überquerten alle Straßen mittels Brücken.

Links die kleine Anhöhe hinauf, gelangen wir in den Schanzenpark und bewegen uns in Richtung des ehemaligen Wasserturms.

2 WASSERTURM IM SCHANZENPARK

Auf dem Hügel, auf dem heute der Wasserturm steht, wurde 1682 ein sternförmiger Festungsaußenposten errichtet, eben die »Sternschanze«. Diese hatte Seitenlängen von ungefähr siebzig Metern und lag gut einen Kilometer vor den Wallanlagen. Sie diente als Warnposten und erste Verteidigungslinie. Über einen Laufgraben war sie mit der eigentlichen Festung verbunden. Noch heute erinnert ein Straßenname parallel zur Schröderstiftstraße im benachbarten Stadtteil Rotherbaum daran. Gedacht waren Festung und Sternschanze vor allem als Schutz gegen die Dänen, die immer wieder Herrschaftsansprüche auf Hamburg anmeldeten, da die Stadt in früheren Zeiten zu Holstein gehört hatte, das seit 1640 Teil des dänischen Reichs war, und Hamburg im frühen 13. Jahrhundert für einige Jahre offiziell unter dänischer Herrschaft stand. Nur vier Jahre nach Anlage der Sternschanze kam es denn auch zu einer dänischen Belagerung (Abb. 2), in deren Verlauf König Christian V. von den Hamburgern forderte, ihm zu huldigen, Geld zu zahlen, die Stadtschlüssel auszuhändigen und die Stationierung einer dänischen Besatzungsmacht zuzulassen. Zu diesem Zweck schickte er über 15 000 Soldaten nach Hamburg. Mehrere Tage wurde vor allem um die Sternschanze gekämpft. Ungefähr 1000 Soldaten kamen bei den Kämpfen ums Leben, ehe die Hamburger den Angriff zurückschlagen konnten und die Dänen wieder abzogen. Auch die Bauernhöfe der Umgebung, darunter der Rosenhof, nach dem noch heute eine Straße im Schanzenviertel benannt ist, wurden bei den Kämpfen durch Feuer zerstört. Erst 1768 regelten Dänemark und Hamburg ihr Verhältnis endgültig im »Gottorper Vergleich«, mit dem Dänemark Hamburgs Zugehörigkeit zum Deutschen Reich akzeptierte, Hamburg darauf verzichtete, Dänemarks Schulden bei der Stadt zurückzufordern, und dafür von Dänemark einige Landgebiete erhielt, die sich später für den weiteren Hafenausbau als Gold wert erweisen sollten.

3 FAHRT DES LUFTSCHIFFERS BLANCHARD ÜBER DER STERNSCHANZE, 1786

1786 war die Sternschanze Schauplatz der ersten Ballonfahrt in Hamburg. Der französische Ballonfahrpionier Jean-Pierre Blanchard startete von hier mit einem gasgefüllten Ballon in die Höhe (Abb. 3). Blanchard gilt auch als Erfinder des Fallschirms, und so ließ er, als er bei einer Ballonfahrt in Hamburg die Wolkendecke erreicht hatte, einen lebenden Hammel an einem Fallschirm zur Erde gleiten, der auch wohlbehalten unten ankam.

Die Sternschanze wurde ebenso wie die restlichen Befestigungsanlagen Hamburgs Anfang des 19. Jahrhunderts weitgehend abgebaut. 1863/64 erfolgte die Bebauung mit einem Wasserreservoir, das kurz vor dem Ersten Weltkrieg zur Basis des Wasserturms wurde (1907–1910), der damals der größte in Europa war. Auch der Schanzenpark wurde als Grünanlage bereits in den 1860er Jahren angelegt. Der Wasserturm, der anfangs auch als Aussichtsturm diente, war Bestandteil des Hamburger Wasserversorgungssystems, das auf künstliche Gefälle und große Druckausgleichsbehälter angewiesen war. Bereits Mitte der 1950er Jahre wurde der Turm überflüssig und 1961 konsequenterweise stillgelegt. Über Jahrzehnte stand er nun leer, auch wenn es immer wieder Pläne gab, ihn anderweitig zu nutzen. 1990 verkauften die Hamburger Wasserwerke den Turm »für'n Appel und'n Ei« (eine Deutsche Mark für den Turm und knapp 40 000 DM für das Gelände), allerdings mit der Auflage, ihn zu erhalten, zu restaurieren und zu fünfzig Prozent öffentlich zu nutzen. 1996 wurde dann jedoch die Erlaubnis erteilt, den Turm unter Erhaltung des denkmalgeschützten äußeren Erscheinungsbildes zu einem Hotel umzubauen, sofern gleichzeitig soziale Projekte im Stadtteil gefördert würden. Unter großen Protesten der Anwohner, die Einschränkungen für die Nutzung des umliegenden Parks befürchteten, und massivem Polizeischutz der Baustelle wurde das Hotel gebaut und 2007 eröffnet. Nur eine Million Euro musste der Investor, quasi als Ablösesumme, an Projekte im Stadtteil dafür zahlen, dass keine öffentliche Nutzung entstand.

Wir spazieren nun weiter in Richtung Dänenweg durch den Park, der im Sommer regelmäßig für Kinderferienaktionen und ein Open-Air-Kino genutzt wird, und gehen dann zur Kreuzung Kleiner Schäferkamp / Weidenallee.

3 KLEINER SCHÄFERKAMP/WEIDENALLEE

Bevor wir zur Kreuzung gelangen, passieren wir noch den Kunstrasenplatz des lokalen Fußballvereins, »SC Sternschanze«, der erst 1970 aus den

4 KLEINER SCHÄFERKAMP MIT FREIMAURERKRANKENHAUS (RECHTS), 1906

beiden Klubs SC Falke 1921 und SC Vineta 1911 hervorging. Der SC Sternschanze war übrigens der erste Sportverein in Hamburg, der komplette Migranten-Mannschaften unter seinem Dach antreten ließ. So gab es in dem Verein zum Beispiel komplett jugoslawische, kurdische oder spanische Mannschaften – eine passende Maßnahme für ein Stadtgebiet, in dem sich seit der Anwerbung sogenannter »Gastarbeiter« viele Migrantenfamilien angesiedelt hatten. Heute betreibt der Verein vor allem eine sehr umfangreiche Jugendarbeit mit zahlreichen Jungs- und Mädchenmannschaften.

Bevor wir über die Straße in die Weidenallee gehen, blicken wir noch einmal nach rechts in den Kleinen Schäferkamp. Auf der rechten Straßenseite befindet sich am Anfang der Straße das »Elisabeth Alten- und Pflegeheim der Freimaurer von 1795 e.V.«, das die Räume eines 1884/85 erbauten ehemaligen Krankenhauses der Freimaurer nutzt (Abb. 4). Schon Ende des

18. Jahrhunderts hatten die Freimaurer, damals noch beim Dammtor, das erste Privatkrankenhaus Hamburgs ins Leben gerufen. Stand dieses zunächst nur Dienstboten als Versorgungsanstalt zur Verfügung, so wurden später Kranke aller Schichten behandelt.

Wir überqueren nun den Kleinen Schäferkamp und machen uns auf einen Streifzug durch das nördliche Schanzenviertel. Ungefähr bei dieser Kreuzung befand sich seit dem 16. Jahrhundert mit dem Rosenhof eine der ersten Ansiedlungen in dieser Gegend, an die auch der Grenzbach zu Altona, der Pepermölenbek, heranführte.

4 WEIDENALLEE/VEREINSSTRASSE/EIMSBÜTTELER CHAUSSEE

Die Weidenallee ist die etwas ruhigere Verlängerung der Schanzenstraße nach Norden in Richtung Eimsbüttel. Sie ist vor allem von kleinen Geschäften und Gastronomie geprägt und hieß früher »Wichel Allee« – nach dem plattdütschen Wort für Weidenbäume. Auch in dieser Gegend sind noch viele Wohnhäuser aus dem späten 19. und frühen 20. Jahrhundert erhalten, für deren Bau ab 1867 die Parzellierung der Wiesen nördlich der Altonaer Straße erfolgte. Nun wurden Straßen gezogen und das Gebiet sowohl mit eher bürgerlichen Etagenmietshäusern wie mit Hinterhofbebauungen erschlossen, während industrielle Nutzungen sich hier nur in bescheidenem Rahmen ansiedeln konnten. Gleich auf der rechten Straßenseite der Weidenallee liegt bei den Hausnummern 6–12 ein interessanter Gebäudekomplex. Zwischen zwei gutbürgerlichen Jugendstil-Mietshäusern erreicht man hier durch eine Einfahrt einen Hinterhof mit einfachen Terrassenbauten (Näheres zu Terrassenhäusern in Hamburg vgl. Rundgang 5) samt klitzekleinen Vorgärten sowie ein ehemaliges Fabrikgebäude, das zu Büros und Ateliers umgenutzt wurde.

Wir biegen nun gegenüber nach links in die Margaretenstraße ein und folgen dieser nach Westen. Dabei passieren wir die Einmündungen der Fett- und der Vereinsstraße. Wie auch im Fall der parallel verlaufenden Bellealliancestraße weisen diese Straßennamen auf die früheren Grundeigentümer hin, die sich hier in einer »guten Verbindung« »vereinten« und die Straßen entwickelten. Unter ihnen befand sich auch ein Herr Fett. Ob die Margaretenstraße nach seiner Frau benannt wurde oder der Name – wie im Falle der Amandastraße – frei gewählt wurde, ist allerdings unklar. Allerdings war »Belle Alliance« auch der Name einer Kneipe, in der Napoleon während der Schlacht von Waterloo sein Hauptquartier aufschlug. Dass die Bellealliancestraße in die Waterloostraße übergeht und dass es am Schulterblatt in den 1820er Jahren bereits eine Kneipe »Belle-Alliance« gab, macht eine Namensgebung nach den Ereignissen dieser bedeutenden Schlacht im Jahr 1815, an der auch freiwillige Kämpfer aus Altona beteiligt waren, allerdings wahrscheinlicher. Der schöne Name fügte sich wohl einfach gut zur Eigentümergemeinschaft. Insbesondere rund um die Bellealliancestraße findet man heute einige nette Cafés, Restaurants und kleine Modegeschäfte.

5 KAUFHAUS »BUCKY«, UM 1905

Am Ende der Margaretenstraße stoßen wir auf den Grünzug parallel zur Lindenallee, der 2003 neu gestaltet wurde und vor allem als angenehme Wegeverbindung abseits der Hauptstraßen sowie als umfangreiche Freizeitfläche für Kinder dient. Über einen Fußweg geradeaus gelangen wir an das nördliche Ende des Schulterblatts, wo sich nach rechts die Eimsbütteler Chaussee anschließt, die in der ersten Hälfte des 20. Jahrhunderts die wichtigste Einkaufsstraße Eimsbüttels war (mehr Informationen zu diesem Stadtteil im Eimsbüttelbuch). Hier befanden sich zahlreiche Geschäfte und Kaufhäuser für den täglichen und gehobenen Bedarf. So stand ungefähr dort, wo wir jetzt stehen, das damals sehr bekannte Kaufhaus »Bucky«, welches 1890 von einem jüdischen Händler

6–8 WERBUNG UND FABRIK DER FIRMA QUEISSER & CO. UND KURSAAL-KINO, 1950ER JAHRE

als Woll- und Weißwarengeschäft gegründet worden war (Abb. 5). Ende der 1920er Jahre warb es mit einer für die damalige Zeit noch ungewöhnlichen Neon-Leuchtreklame, und auch ein witziger Werbeslogan in sehr hamburgischem Deutsch ist überliefert: »Selbst die Tante aus Kentucky, kommt zum Ausverkauf nach Bucky«. Eine Ecke weiter, an der Einmündung in die Amandastraße, lag das Kaufhaus »Poetsch«, das ebenfalls in jüdischem Besitz war. In der Nazi-Zeit wurden diese Kaufhäuser, wie auch viele weitere Geschäfte am Schulterblatt, enteignet. »Poetsch« wurde zum Beispiel von Karstadt übernommen.

Aber auch einige Gewerbe und Industrien wurden an der Eimsbütteler Chaussee betrieben. Ein unrühmliches Beispiel hierfür war die Firma Queisser & Co. (Abb. 6+7), die ihr Konkurrenzprodukt zur Nivea-Creme schon zu Beginn der Nazi-Zeit 1933 zur arisch-nationalen Pflegealternative stilisierte. »Wer Nivea-Artikel kauft«, hieß es in einer Anzeige, »unterstützt damit eine Judenfirma! Achtung! Keine jüdische Hautcreme mehr benutzen! Lovana-Creme ist mindestens gleich gut, ist billiger und rein deutsch!«. Noch dazu sei die »ganze Firma rein arisch und national« und der Chef entstamme einem alten Lausitzer Bauerngeschlecht, das seine Geschichte lückenlos bis 1600 zurückführen könne. Die Firma sitzt heute in Flensburg und produ-

9 BELLE-ALLIANCE-KINO, 1908

ziert dort unter anderem den bekannten Gesundheitsschnaps mit der »Kraft der zwei Herzen«.

Doch auch für Unterhaltung wurde in der Eimsbütteler Chaussee gesorgt, durch Cafés, Kneipen, Tanzlokale und Kinos. Einzig erhalten ist davon noch das Gebäude des Delphi Showpalasts kurz hinter der Nagels Allee, das eine wechselhafte Geschichte als »Kursaal Lichtspieltheater« (Abb. 8), Tanzpalast »Kaisersaal« und Nobel-Diskothek »Trinity« hat.

Wir gehen nun das Schulterblatt weiter nach links. An der Ecke Schulterblatt/Eimsbütteler Straße befand sich bis zu seiner Zerstörung im Zweiten Weltkrieg das Belle-Alliance-Kino im großen Saal eines Hotels. 1908 galt es als größtes Lichtspielhaus der Stadt (Abb. 9). Geradeaus über die Kreuzung kommen wir an der Adler-Apotheke vorbei, die ursprünglich »königlich und kaiserlich«, also österreichisch, privilegiert war – ein Kuriosum, das daraus resultierte, dass die Stadt Altona, nachdem die bis dahin hier herrschenden Dänen 1864 einen Krieg gegen Preußen und Österreich verloren hatten, kurze Zeit unter österreichischer Hoheit stand.

Unter der Eisenbahnbrücke hindurch gelangen wir nun in jenen Teil des Schulterblatts, der meist gemeint wird, wenn von der Straße gesprochen wird.

5 SCHULTERBLATT

Auch am Schulterblatt verlief die Grenze zur Nachbarstadt Altona. Auf dem Platz gegenüber der »Flora«, der erst vor einigen Jahren einen schmalen Fußweg ersetzte und so die heute blühende Gastronomie ermöglichte, sind noch Grenzsteine in den Boden eingelassen, die den ehemaligen Grenzverlauf markieren. Diese Grenze hatte durchaus praktische Bedeutung und war für die Bewohner zumindest einmal überlebenswichtig. Als 1892 die letzte verheerende Cholera-Epidemie in Hamburg wütete, erhielten die Häuser auf der östlichen Straßenseite kaum gereinigtes Leitungswasser aus Hamburg. Hier erkrankten zahlreiche Menschen, wohingegen die Häuser auf der Altonaer Straßenseite das besser gefilterte Trinkwasser aus Altona bezogen, was sie vor einer Erkrankung schützte. Insgesamt erlagen der Cholera damals in ganz Hamburg über 8000 Menschen.

Der ungewöhnliche Name der Straße entstand bereits um 1700, als ein Wirt das Schulterblatt eines Wals vor seiner Gaststätte zum Aushängeschild umfunktionierte. Die Hamburger hatten seit der Mitte des 17. Jahrhunderts begonnen, auf Walfangfahrt zu gehen. Mehr als zweihundert Jahre fuhren Segelschiffe sodann aus Hamburg vornehmlich in Richtung Grönland, um Wale und Robben zu erlegen. Die Verarbeitung von Wal- und Robbenspeck zu Tran erfolgte erst zurück an Land in der Vorstadt »Hamburger Berg«.

Die Straße Schulterblatt entwickelte sich vor allem im 19. Jahrhundert zu einer Straße der Industrie und des Vergnügens. Sie war quasi die Verlängerung des Vergnügungsviertels St. Pauli nach Westen und galt mit ihren Varieté-Theatern, Restaurants und Kneipen als Hamburger »Boulevard des Westens«. In gewisser Weise ist das Schulterblatt dies auch heute noch, oder – besser gesagt – wieder, denn nach dem Zweiten Weltkrieg verlor die Straße allmählich ihre Theater und Kinos, und auch die Industrien zogen weg. Das Schulterblatt blieb jedoch die Haupteinkaufsstraße des Viertels. Erst seit den 1980er Jahren vollzog sich dann ein allmählicher Wandel, der dazu führte, dass das Schanzenviertel heute massenhaft wochenendliche Kneipengänger anzieht. Noch ist die Straße von kleineren, unabhängigen Geschäften geprägt, von denen einige eine lange Tradition im Stadtteil haben, doch lockt die gesteigerte Attraktivität des Viertels mit seinen vielen Besuchern mehr und mehr auch große Einzelhandelsketten und junge, schicke Filialbetriebe an.

Diese Entwicklung wie auch die allgemeine touristische Inbesitznahme und kommerzielle Ausschlachtung des Stadtteils stoßen auf erhebliche politische Widerstände. Nicht ohne Spott und Selbstironie wird der kleine Platz, auf dem wir stehen, aufgrund seiner massiven gastronomischen Vereinnahmung und seiner Funktion als Schaumeile für aufgeschickte Besucher auch gern als »Galaõ-Strich« tituliert.

Hand in Hand mit der Wiederbelebung des Viertels ging aber eben auch seine Politisierung, vornehmlich aus dem links-alternativen bis autonomen Spektrum. Der Kampf gegen die Gentrifizierung (vgl. Exkurs S. 96), die sich über gut zwei Jahrzehnte allmählich flächendeckend im Quartier ausgebreitet hat, scheint indes fürs Erste verloren. Ein ganz wichtiger Kristallisationspunkt der gelebten Gesellschaftskritik ist die gegenüberliegende Rote Flora, ein Theatergebäude samt Garten mit sehr wechselhafter Geschichte.

6 ROTE FLORA

Bereits 1835 war an der Stelle der »Flora« ein runder Holzpavillon namens »Tivoli« eingerichtet worden, der den Hamburgern und Altonaern als Ausflugs- und Vergnügungslokal mit Sommertheaterbühne diente. Zu jener Zeit lebten hier, umgeben von landwirtschaftlich genutzten Flächen, erst wenige Menschen. Diese recht bekannte Institution, die ihren Namen häufig wechselte, wurde jedoch in den 1880er Jahren abgerissen, sodass hier 1888 das »Concerthaus Flora« gebaut werden konnte (Abb. 10). Das heute verstümmelte Empfangsgebäude im Stil der Neorenaissance war ursprünglich dreigeschossig und an den Seiten von zwei Steintürmen flankiert. Im Gebäude befanden sich ein Wiener Café, ein Billardsalon und ein Restaurant. In der zweiten Etage lagen erstaunlicherweise Mietwohnungen und im dritten Stock Personalräume. Rechts des Gebäudes befand sich das Eingangsportal zum Garten, in dem sich bis zu 6000 Besucher

10 »CONCERTHAUS FLORA« AM SCHULTERBLATT, 1900

gleichzeitig aufhalten konnten. An seinem anderen Ende lagen ein großer Konzertsaal und Stallungen. An der Stelle des rückwärtigen Gartens, der für seine Beleuchtung durch Hunderte von Glühlampen in Form von Blütenkelchen berühmt war, befindet sich heute ein kleiner Park, der von Wohnhäusern umfasst ist. Im Park steht auch der »Kilimanschanzo«, ein zur Kletterwand umfunktionierter Hochbunker (Abb. 11).

Im Jahr 1900 wurde der Gartenbereich zwischen Restaurant und Konzertsaal mit einem gläsernen Kristallpalast samt einer festen Bühne überbaut, der jedoch schon 1926 wieder abgebaut wurde. Der Konzertsaal im hinteren Bereich wurde 1936 zu einer Großgarage umgebaut.

Das Varietétheater »Flora« war jedenfalls eines der ersten seiner Art in Deutschland. Hier trat zum Beispiel Zarah Leander auf. Im Krieg wurde es stark zerstört. Doch auch nach dem Krieg diente es bis 1953 wieder als Operettenhaus, in dem beispielsweise Hans Albers und Johannes Heesters auftraten. Bis 1964 wurde das Gebäude als Kino genutzt, ehe es zu einem

Haushaltswarenmarkt wurde. Als die Musicalwelle in den 1980er Jahren nach Hamburg schwappte, wurden Pläne entworfen, hier ein neues »Flora«-Theater für das »Phantom der Oper« zu erbauen, und es kam zu Teilabrissen. Aufgrund massiver Proteste im Viertel und von politischen Aktivisten gegen einen Theaterneubau wurden diese Pläne 1988 jedoch fallen gelassen. Stattdessen wurde gegenüber dem S-Bahnhof Holstenstraße ein neues Musical-Theater, die »Neue Flora«, gebaut. Die nicht unberechtigte Sorge der Musical-Gegner in diesem Konflikt war, dass ein schickes neues Theater für den Massengeschmack Auswirkungen auf den ganzen Stadtteil haben würde. Die Vorstellung, dass täglich Hunderte vergnügungswillige Musicalbesucher in das damals sozial eher schwache Quartier einfallen würden, erschien vielen als Horror, denn sicher würden diese nicht die alteingesessene Eckkneipe aufsuchen wollen, sondern lieber ein »büschen was Schickeres« ansteuern. Statt eines neuen Theaters folgten 1989 die Besetzung der »Flora«, von der nun nur noch das Eingangsgebäude erhalten war, und die Einrichtung eines links-autonomen Stadtteilzentrums, der »Roten Flora«. Neben politischer Arbeit finden hier auch Konzerte und Partys statt (Abb. 12).

Ob die »Rote Flora« langfristig erhalten bleibt, ist immer wieder fragwürdig. Kommerzielle Verwertungsinteressen des privaten Eigentümers und wechselhafte Standpunkte der politischen Entscheidungsträger füh-

11+12 »KILIMANSCHANZO« UND FLORA HEUTE

ren zu einer Existenz in der Schwebe zwischen Räumungsdrohungen und Bestandsversprechungen.

Wir gehen nun das Schulterblatt noch ein Stück weiter bis zu einem ehemaligen Industriehof am Schulterblatt 58. In der ausgedehnten Hinterhofanlage wurden früher Pianos und Maschinen hergestellt, Gewürze gemahlen und Kautschuk gewaschen. Sie ist ein schönes Beispiel für eine gelungene Umnutzung. Nachdem die ursprünglichen Nutzer die Gebäude verlassen hatten, wurde die Anlage nicht abgerissen, sondern blieb erhalten. Heute werden die Räume vor allem von Firmen genutzt, die im weitesten Sinne dem Medienbereich zuzurechnen sind. Dass im Eingangsbereich eines der Gebäude über Jahre ein Fernseher die wartenden Besucher berieselte, ist vielleicht ganz bezeichnend. War hier zunächst lange ein Musiksender voreingestellt, so wurde nach einer Weile dauerhaft zu einem Nachrichtensender mit stetig aktualisierten Börsenkursen umgeschaltet …

Bevor wir ein paar Meter zurückgehen und durch die nächste Durchfahrt einen Hinterhof in Richtung Bartelsstraße durchqueren, werfen wir noch einen kurzen Blick auf das ehemalige »Boardinghaus des Westens« (Schulterblatt 36). 1930/31 im Bauhausstil erbaut, hielt es kleine Wohnungen für Singles mit Gemeinschaftseinrichtungen und Service wie in einem Hotel vor – in der damaligen Zeit etwas ganz Neues. Hier kamen beispielsweise die Schauspieler, Artisten oder Ringer, die in den Theatern der Gegend auftraten, unter. Doch so richtig funktionierte diese Innovation des Wohnens nicht, und schon zwei Jahre später wurden »normale« Kleinwohnungen eingerichtet. Ab 1941 folgte eine Büronutzung. Nach dem Zweiten Weltkrieg wurde das Gebäude unter anderem als Wohnheim für »Gastarbeiter« einer Werft und von 1976 bis 1989 für die Verwaltung der Firma Montblanc genutzt (vgl. Station 8).

Auf der gegenüberliegenden Straßenseite befinden sich zudem ein paar geschäftliche Institutionen des Stadtteils: die Bäckerei mit Café der Familie Stenzel, der Konfiserie- und Teeladen Stüdemann sowie die linke Buchhandlung im Schanzenviertel.

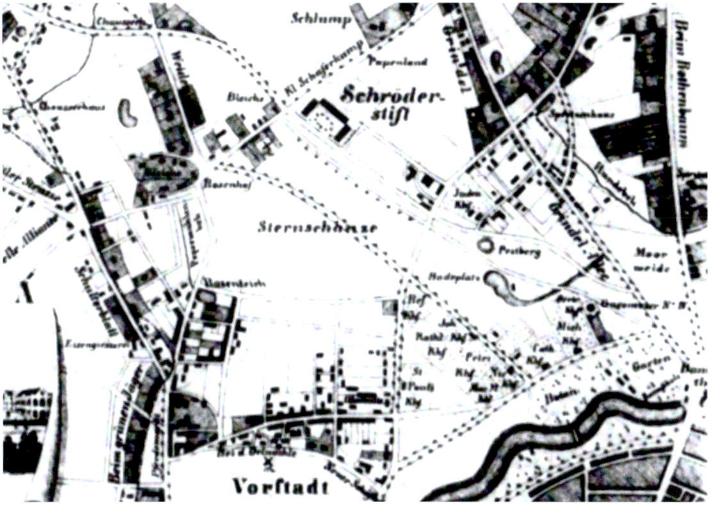

13 BESIEDELUNG DER SCHANZE, 1853

Doch weiter geht es nun durch den Hinterhof (auf der Höhe von Hausnummer 60) mit Spielplatz zur Bartelsstraße und dann weiter nach links zur Kreuzung an der Susannenstraße. Der berühmte Sänger Hein Köllisch (vgl. Rundgang 3) lebte in einer der Terrassenbebauungen zwischen Bartelsstraße und Schulterblatt und hatte seine ersten Gesangsauftritte in einer Eckkneipe an der Bartelsstraße. Hier lag seinerzeit die größte Hinterhofanlage des Viertels, der spöttisch so genannte »Millionenhof«, der 1943 zerstört wurde.

7 BARTELSSTRASSE/SUSANNENSTRASSE

In der Bartelsstraße nahm auch die Entwicklung der Gegend zu einem urbanen Wohngebiet ihren Anfang. Noch Ende 1813 gab es hier keine dreißig Häuser, die noch dazu von den Franzosen während der Besetzung Hamburgs zur Schaffung eines freien Schussfeldes westlich der Sternschanze zerstört wurden.

Die eigentliche Besiedelung begann jedoch erst 1842 mit der ersten Parzellierung von vordem als Weideland genutzten Flächen im Bereich Bartelsstraße/Schanzenstraße (Abb. 13). Die Gebäude Bartelsstraße 4–6 stammen noch aus dieser ersten Bauphase. Das Gelände gehörte damals zwei Architekten, die es vom St. Johannis-Kloster übernommen hatten und die Bautätigkeit initiierten. Drei Jahre später standen die ersten Häuser, und die Grenze St. Paulis wurde nach Norden bis über die heutige Altonaer Straße hinaus ausgedehnt. Die Gegend rund um das Schulterblatt wurde anschließend bis kurz vor dem Ersten Weltkrieg erschlossen und bebaut. Die Bautätigkeit war rein privat und führte zu einiger Bauspekulation. Da die Grundstückspreise aufgrund der erhöhten Nachfrage nach dem Bau der Verbindungsbahn und der Anlage von Viehmarkt und Schlachthof stiegen, wurde die Bebauung insbesondere nach 1880 immer enger und die einzelnen Gebäude größer und höher. Dies lässt sich auf dem weiteren Weg zum Teil gut erkennen. Ist die Bebauung an der Bartelsstraße noch eher kleinteiliger und niedriger, so fallen an der Schanzenstraße und am Neuen Pferdemarkt deutlich mondänere, gründerzeitliche Wohnhäuser ins Auge. Hier, zur Straße hin, wohnten eher die Ladenbesitzer und Besserverdienenden, wohingegen sich die Arbeiterquartiere in die Hinterhöfe quetschten. Doch war das heutige Schanzenviertel eben nicht nur ein Wohnquartier, sondern auch ein Industriestandort. Die Lebensqualität war dementsprechend bis weit in die zweite Hälfte des 20. Jahrhunderts hinein immer auch beeinträchtigt durch Lärm und Gerüche. Auf dem weiteren Weg werden wir noch ein paar Orte dieser Industrien passieren.

14 WILLI BREDEL AUF EINER DDR-BRIEFMARKE

In der benachbarten Rosenhofstraße spielt ein gleichnamiger Roman des kommunistischen Hamburger Autors Willi Bredel (1901–1964), der nach dem Krieg Mitglied des Zentralkomitees der SED in der

DDR werden sollte (Abb. 14). In diesem 1931 erschienenen Roman geht es um den Kampf der dort lebenden Arbeiter für ihre Rechte und gegen den Faschismus.

Wir gehen nun die Susannenstraße weiter in Richtung Schanzenstraße. Linker Hand passieren wir mit Hausnummer 29 einen Neubau von 2001, der schon in der Bauzeit unverblümt als Paradies für reiche Trendsetter angepriesen wurde:

> »Das Schanzenviertel ist mittlerweile der angesagteste Platz in Deutschland, hat Berlin-Mitte weit hinter sich gelassen. Hamburgs neue Mitte ist das Schanzenviertel. Und genau hier – mitten im ›Hot Spot‹ der Republik – können Sie leben.«

Direkt daneben sehen wir das Postgebäude, welches 1920 von dem berühmten Einbrecher Julius Adolf Petersen, auch genannt der »Lord von Barmbeck«, um über 220 000 Reichsmark erleichtert wurde (Abb. 15).

15 LORD VON BARMBECK

Am Ende der Straße biegen wir nach rechts in die Schanzenstraße ein.

8 SCHANZENSTRASSE/KAMPSTRASSE/LUDWIGSTRASSE

An der Kreuzung zur Lagerstraße sehen wir ein Backsteingebäude, das als Veterinäramt zum Schlachthofbetrieb gehörte (Abb. 16). Rechts stehen wir nun vor dem Montblanc-Haus, das heute von der Volkshochschule genutzt wird. Zwischen 1910 und 1989 befanden sich hier die Fabrikation und die Verwaltung der weltberühmten Hamburger Schreibwaren-Firma mit zuletzt etwa sechshundert Mitarbeitern (Abb. 17). Das Gebäude, wie auch die beiden sich um die dahinterliegenden Höfe gruppierenden weiteren Fabrikgebäude, waren ursprünglich für eine Firma errichtet worden, die Armaturen und sanitäre Einrichtungen für Schiffe produzierte. Wer

16+17 FLEISCHBESCHAUAMT LAGERSTRASSE, UM 1912, UND ARBEITERINNEN BEI MONTBLANC

mag, kann auch noch kurz durch die holzgepflasterte Durchfahrt in die Hinterhöfe gehen. Dort sind nicht nur die weiteren Fabrikationsgebäude zu entdecken, sondern auch das 3001-Kino, das als kleines Programmkino eine feine Auswahl kinematografischer Besonderheiten bietet. Die Hofdurchfahrt führt geradeaus weiter bis zur Bartelsstraße, wo der Fabrikkomplex endete.

Zurück an der Schanzenstraße biegen wir wieder nach rechts ab. Einige Meter weiter auf der linken Straßenseite hatte bis 1989 ein weiteres berühmtes Industrieunternehmen seinen Hauptsitz, das Gewürzwerk Hermann Laue, kurz »Hela«, bekannt für seine Ketchups in den großen knautschigen Flaschen. Nach dem Wegzug der Firma waren die Gebäude Gegenstand langjähriger Auseinandersetzungen um eine neue Nutzung des Geländes und wurden zeitweise von Aktivisten besetzt, ehe Sanierungen und Neubauten folgten.

An der nächsten Kreuzung biegen wir nach links in die Kampstraße ein und laufen bis zur Ecke Sternstraße.

Die Kampstraße führte bis Anfang der 1950er Jahre noch weiter nach Osten bis ins Karolinenviertel und stellte so eine wichtige Verbindung zwischen den Quartieren beiderseits des Schlachthofs dar. Mit der Schaffung eines großen geschlossenen Schlachthofgeländes wurde die Kampstraße zur Sackgasse, und das Karo-Viertel geriet in eine regelrechte Insellage

18+19 ERIKA'S ECK IN DER KAMPSTRASSE UND FACHGESCHÄFT FÜR FLEISCHEREIBEDARF

(vgl. Rundgang 5). Geschlachtet wird auf dem Schlachthofgelände seit einigen Jahren übrigens nicht mehr, sondern Fleisch nur noch weiterverarbeitet, und zwar rund um die Uhr, wie ein Blick auf die Öffnungszeiten von »Erika's Eck« verrät – hier gibt es für die Angestellten in der Fleischverarbeitung die ganze Nacht über warme Küche und Frühstück ab 0 Uhr (Abb. 18)!

Weiter geht es nach rechts die Sternstraße entlang. Auf dem Weg entdecken wir ein paar wenige Geschäfte, die sich mit ihren Angeboten auf die Fleischverarbeitung beziehen. In früheren Zeiten gab es rund um den Schlachthof zahlreiche Handelsbetriebe, die Messer und Därme, Waagen, Gewürze und anderen Fleischereibedarf anboten (Abb. 19).

An der nächsten Kreuzung biegen wir wieder rechts ab. Dort kommen wir an der Grundschule Ludwigstraße vorbei. Das Gelände dafür hatte die Stadt von Carl Hagenbeck erworben (vgl. nächste Station), um ein Doppelschulhaus für Mädchen und Jungen mit separaten Eingängen zu bauen, das 1906 eingeweiht wurde.

Bis Mitte des 19. Jahrhunderts befand sich zwischen Ludwigstraße und Lagerstraße noch der Rosenteich am Fuße des Schanzenhügels, der dann jedoch zugeschüttet wurde. Zwischen 1880 und 1923 wurden auf einem Teil dieses Areals die weltberühmten Flügel der amerikanischen Marke Steinway produziert (Abb. 20), ehe die Produktion am deutschen Stand-

20 FABRIKANLAGEN DER FIRMA STEINWAY IN DER SCHANZENSTRASSE

ort an den Rondenbarg in Bahrenfeld verlegt wurde. Von dem großen Fabrikgebäude ist nur noch ein verstümmelter Rest an der Schanzenstraße 24 im Hinterhof vorhanden, wo heute die »Wohngeschwister« ein buntes Sortiment an Wohnzubehör anbieten. An der nächsten Ecke kommen wir zurück zur Schanzenstraße, biegen nach links ab und gehen diese weiter bis zum Neuen Pferdemarkt.

9 NEUER PFERDEMARKT

An dieser Stelle fand im 19. Jahrhundert tatsächlich für viele Jahrzehnte ein überregional bedeutsamer Pferdemarkt statt. Es gab ein Rondell, um die Pferde vorzuführen, und in der unmittelbaren Nachbarschaft hatten sich viele Tierärzte und Kneipen angesiedelt.

Am Neuen Pferdemarkt hatte auch »Hagenbeck's Thierpark« seinen Sitz, bevor er 1907 in Stellingen neu eröffnete. Die Geschichte des Tierparks hatte bereits zuvor auf St. Pauli begonnen. 1848 begann Gottfried Claes Carl Hagenbeck (1810–1887) auf dem Spielbudenplatz mit sehr erfolgreichen Seehundsvorführungen. Hagenbeck betrieb eigentlich einen Fischhandel in der Lincolnstraße (vgl. Rundgang 3), die Seehunde waren Fischern, die seine Fischhandlung belieferten, zufällig ins Netz gegangen. Aufgrund des Erfolgs kaufte Hagenbeck 1863 ein Gebäude am Spielbudenplatz, wo er bis 1874 eine »Handelsmenagerie« betrieb, eine Art Zoo mit Tierhandlung. Es folgte der Umzug an den Pferdemarkt 13 in das Gebäude rechts der Apotheke. Hier begann Hagenbeck auch, das Publikum mit sogenannten »Völkerschauen« anzulocken, von denen mehr als sechzig Programme von 1875 bis 1931 feste Bestandteile der Unterhaltung bei Hagenbeck waren (Abb. 21). Bei diesen Völkerschauen wurden Menschen aus fernen Ländern ausgestellt. Die »zivilisierten« Europäer durften dabei die Kleidung und Lebensweise der »primitiven« Exoten beispielsweise aus Grönland, Nubien oder der Mongolei begaffen. Der Tierpark wurde so zum »Menschenzoo«, dessen »Exponate« neben Hamburg oft auch weitere Städte besuchten. In einigen Fällen bedeuteten diese Ausstellungsreisen den Tod der teilnehmenden Menschen, weil sie gegen die hiesigen Krankheitserreger nicht immun waren.

21 VÖLKERSCHAU BEI HAGENBECK: »NUBIER GREIFEN EIN SCHILLUKDORF AN«, UM 1880

Vom Neuen Pferdemarkt, der heute vor allem auch eine recht unübersichtliche Straßenkreuzung ist, geht es nun durch die Beckstraße in Richtung Schlachthof und zu unserer letzten Station.

10 BECKSTRASSE UND SCHLACHTHOF

Die Beckstraße, benannt nach dem Grundbesitzer und Bauherrn der Wohnanlage, wurde 1869 von der östlichen Seite aus als private Stichstraße in Richtung Pferdemarkt angelegt. Erst Ende des 19. Jahrhunderts wurde sie bis dorthin verlängert. Das heutige Erscheinungsbild verschleiert ein wenig, dass auch diese Häuser vom Typ her einfachste Hinterhof-

22 HAUPTSTRASSE DES OCHSENSCHLACHTHOFS, SPÜL- UND SCHLACHTHÄUSER, 1892

bebauungen sind. Die Wohnungen haben drei Zimmer, sind aber nur 35 bis 40 Quadratmeter groß und wurden vornehmlich von Händlern und Handwerkern bewohnt. Zum Teil gab es hier auch gewerbliche Nutzungen, wie der Schlüssel am Haus Nr. 9 noch andeutet. Durch die Beckstraße gelangen wir wieder an die Sternstraße, die wir nach rechts noch ein paar Meter weiterspazieren. Auf Höhe des Buchladens Cohen & Dobernigg wechseln wir nun auf die andere Straßenseite und betreten einen ehemaligen Teil des Schlachthofgeländes.

Nachdem sich südlich dieses Geländes schon seit den 1860er Jahren ein Viehmarkt etabliert hatte sowie im Norden zur gleichen Zeit ein zweiter beim Bahnhof Sternschanze, lag es nahe, einen neuen Schlachthof zwischen diesen beiden Märkten anzulegen. Dies geschah um 1890. Gut hundert Jahre wurden hier Tiere geschlachtet, ehe der Schlachtbetrieb 1996 eingestellt wurde (Abb. 23). Immer noch wird der größte Teil des ehemaligen Schlachthofgeländes als Fleischgroßmarkt und von fleischverarbeitenden Betrieben genutzt. Teile des Geländes wurden seither einer neuen Nutzung zugeführt, so zum Beispiel das Areal rund um die einstige Rinderschlachthalle (erbaut 1911–1913), an der wir hier stehen (Abb. 22). Auch die Halle selbst wurde in den 1990er Jahren entkernt, umgebaut

23+24 ARBEITER IM SCHLACHTHOF UND DAS SCHLACHTHOFAREAL HEUTE

und 1998 einer neuen Nutzung übergeben. Neben einigen Geschäften und Büros beherbergt sie die Konzertlocation »Knust« und das Atelier der »Schlumper«, einer Gruppe behinderter Künstler. Jahrzehntelang lag die Rinderschlachthalle abgeschottet hinter hohen Mauern. Mittlerweile ist aus dem zuvor jahrelang nicht mehr genutzten Gebäude und dem Hofgelände rundherum ein öffentlicher Ort geworden. Rund um die Halle findet zum Beispiel jeden Samstag ein beliebter Flohmarkt statt. Zudem ist mit der kleinen Passage durch die Halle eine neue Verbindung zwischen Schanzen- und Karolinenviertel entstanden.

Wir durchqueren jetzt diese Passage und kommen so auf einen kleinen Platz, an dessen anderer Seite mit dem »Karostar« ein Gebäuderiegel liegt, der seit 2005 vor allem jungen Unternehmen aus der Musikbranche günstige Büroräume und Studios zur Miete bietet (Abb. 24). An der »Hanseplatte«, einem schönen Fachgeschäft für hamburgische Musik und andere Hamburgensien, vorbei überqueren wir den Graben der U-Bahn und gelangen ins Karolinenviertel.

Wenn wir uns nach rechts wenden, sehen wir bereits die U-Bahn-Station Feldstraße. Hier endet unser Rundgang und beginnen die Touren 2 und 5, die, wer mag, sogleich an diese Tour anschließen kann.

BARS / KNEIPEN / NACHTLEBEN

Altes Mädchen
Lagerstraße 28 B
www.altes-maedchen.de
→ *Braugasthaus der neuen »Ratsherrn«-Mikro-Brauerei*

Central Park
Max-Brauer-Allee 277
www.centralpark-hamburg.net
→ *Beach-Club am Bahndamm*

Daniela Bar
Schulterblatt 86
www.daniela-bar.de
→ *kleine Bar in rotem Leder*

Die Herren Simpel
Schulterblatt 75
www.dieherrensimpel.de
→ *Café und Bar mit schönem Hinterhofgarten*

Dschungel
Sternstraße 4
→ *preiswerte Kneipeninstitution, beliebt bei Pauli-Fans und Punkrockern*

Fritz Bauch
Bartelsstraße 6
www.fritzbauch.de
→ *Prä-Gentrifizierungskneipe*

Gloria Cafébar
Bellealliancestraße 31-33
www.gloriabar.de
→ *dreiteiliges Café-Restaurant-Bar-Ensemble*

Grete – Die Margaretenkneipe
Margaretenstraße 33
www.margaretenkneipe.de
→ *Kulturvereinskneipe mit Garten und Live-Musik*

Mutter
Stresemannstraße 11
→ *Bar für das letzte Getränk der Nacht*

Nord
Vereinsstraße 52
www.dasnord.de
→ *schlicht-schöne Bar*

Saal II
Schulterblatt 83
→ *Café und Kneipe aus alten Schanzenzeiten*

Vereinseck
Margaretenstraße 27
www.vereinseck.com
→ *Pauli-Rock'n'Roll-Kneipe mit Kegelbahn*

Zoé 2
Neuer Pferdemarkt 17
→ *Kuschelsofa-Kneipe*

CAFÉS / RESTAURANTS

Azeitona
Beckstraße 17-19
→ *Falafelspezialist*

Bistro Tati
Bellealliancestraße 35
www.bistro-tati.de
→ *kleines französisches Bistro*

Bullerei
Lagerstraße 34 B
www.bullerei.com
→ *Essen beim Fernsehkoch*

Café Stenzel
Schulterblatt 61
www.cafe-stenzel.de
→ *Café-Institution am Schulterblatt*

Café unter den Linden
Juliusstraße 16
www.cafe-unter-den-linden.net
→ *nettes Café und Kneipe mit Vorgarten*

Erika's Eck
Sternstraße 98
www.erikas-eck.de
→ *Tag- und Nacht-Gastronomie für Nachtschichtler und Fleischliebhaber*

Herr Max
Schulterblatt 12
www.herrmax.de
→ *erstaunliche Torten in einem ehemaligen Milchladen*

Hin & Veg
Schulterblatt 16
www.hinundveg.de
→ *vegetarisch-veganer Imbiss*

Liebes Bisschen
Eifflerstraße 47
www.cookiecouture.de
→ *kunstvolle Cupcakes, Kekse und Kuchen*

Mareas
Bellealliancestraße 44
→ *nette Tapas-Bar*

Olsen
Bellealliancestraße 45
www.restaurant-olsen.de
→ *Restaurant der Punk-Rock-Tourneecaterer »Rote Gourmet Fraktion«*

Olympisches Feuer
Schulterblatt 36
www.olympisches-feuer.de
→ *mediterrane Küche zu fairen Preisen*

Schlachterbörse
Kampstraße 42
www.schlachterboerse.de
→ *Fleisch, Fleisch, Fleisch im Traditionsrestaurant*

SternChance
Schröderstiftstraße 7
www.sternchance.de
➜ *Tanzkurse, Restaurant, Live-Musik*

Taverna Romana
Schulterblatt 53
www.taverna-romana-hamburg.eu
➜ *groß, mediterran und günstig*

Transmontana
Schulterblatt 88
➜ *Mutter aller portugiesischen Galaõ-Cafés*

LÄDEN

Better Times
Schulterblatt 104
➜ *Laden für Geschenke und Pauli-Devotionalien*

Blumenladen Susannenstraße
Susannenstraße 20
➜ *Blumen, von den Inhabern selbst aus Holland herbeigeschafft. Solange der Vorrat reicht.*

Bruno's Käseladen
Schulterblatt 60
➜ *toller Käseläden mit immer freundlichem Inhaber*

Buchhandlung im Schanzenviertel
Schulterblatt 55
www.schanzenbuch.com
➜ *Literatur und Politik – das nette Buchladenkollektiv*

Büromarkt Hansen
Schulterblatt 7
www.bueromarkthansen.de
➜ *Fachgeschäft mit Vollsortiment und Beratung, wie früher*

Cohen & Dobernigg
Sternstraße 4
www.codobuch.de
➜ *Buchhandel für das 21. Jahrhundert*

Die Druckerei
Schanzenstraße 6
www.spielzeugladen-die-druckerei.de
➜ *Qualitätsspielzeug und Kinderliteratur*

Genbrug
Schulterblatt 116
➜ *gebrauchte Haushaltswaren, eine Fundgrube*

Hanseata
Sternstraße 69
www.hanseata-hamburg.de
➜ *Gewürze, Fleischerei- und Gastronomiebedarf*

Hosenfrey
Schulterblatt 36
www.hosenfrey.de
➜ *Jeansladen für die Grundausstattung*

Human Empire
Schulterblatt 132
www.humanempireshop.com
➜ *Studio für Grafik und Illustration mit Laden für ganz besondere Designs*

Hummelstore
Schanzenstraße 46
www.hummelhamburg.de
→ *sportlich-hippe Mode aus Dänemark, aber gegründet in Eppendorf*

Kati Mundii
Weidenallee 17
www.katimundii.de
→ *Kinderkleidung und anderer Kinderkrams*

Kleidermarkt
Neuer Kamp 23
www.kleidermarkt.de
→ *großer Laden mit Secondhand-Kleidung*

Lokaldesign
Schulterblatt 85
www.lokaldesign.de
→ *Designplattform für Nachwuchsdesigner – mit Ladenverkauf*

Peco
Schulterblatt 110
www.peco.de
→ *Fachgeschäft für Hockey und Tennis*

Pianohaus Trübger
Schanzenstraße 117
www.pianohaus-truebger.de
→ *Klaviere und Pianos seit über 140 Jahren im Schanzenviertel*

Schanzen-Express
Schulterblatt 6
→ *Supermarkt für Notkäufe nachts und am Wochenende*

→ *Das Schanzenviertel bietet eine erstaunliche Konzentration an Vinylschallplatten- und CD-Läden für neue und bereits gehörte Tonträger. Hier lohnt sich das Stöbern:* Slam (Schulterblatt 104), Rekord (Schulterblatt 84), Zardoz (Schulterblatt 36), Burnout (Beim Grünen Jäger 21), Championship (Susannenstraße 21), Selecta (Bartelsstraße 11), Hanseplatte (Neuer Kamp 32), Underpressure (Schanzenstraße 10)

Stüdemann's
Schulterblatt 59
→ *Schokolade, Kekse, Kaffee, Tee und andere Leckereien seit 1954*

Super mercato italiano
Schulterblatt 82
www.super-mercato-italiano.net
→ *italienischer Lebensmittelhandel, molto autentico*

Underpressure
Schanzenstraße 10
www.underpressure.de
→ *Hip-Hop-Mode und -Musik*

Wein & Boules
Schanzenstraße 14
→ *der Weinladen im Schanzenviertel mit kundiger, unkomplizierter Beratung*

Wie es euch gefällt
Juliusstraße 16
www.wieeseuchgefaellt.blogspot.com
→ *exzellente junge Designermode*

Wohngeschwister
Schanzenstraße 34
www.die-wohngeschwister.de
→ *Möbelverkauf zweier geschäftstüchtiger Brüder*

Yokozuna
Weidenallee 17
www.yokozuna.de
→ *ein Laden voller lustigem bunten Zeug*

Zoo Dabelstein
Schulterblatt 21
→ *Tierhandlung des Vertrauens im Schanzenviertel*

HOTELS

Fritzhotel
Schanzenstraße 101-103
www.fritzhotel.com
→ *kleines, schlichtes Hotel beim Bahnhof Sternschanze*

instant sleep
Max-Brauer-Allee 277
www.instantsleep.de
→ *einfaches Backpacker-Hostel am Schanzenrand*

Pacific
Neuer Pferdemarkt 30
www.hotel-pacific.de
→ *einfaches und preiswertes Hotel*

Schanzenstern
Bartelsstraße 12
www.schanzenstern.com
→ *Hotel & Hostel mit Bio-Restaurant*

Schlaflounge
Vereinsstraße 54 B
www.schlaflounge.de
→ *nette kleine Pension*

Superbude St. Pauli
Juliusstraße 1-7
www.superbude.de
→ *hippes Hostel mit »Rockstar-Suite«*

FREIZEIT / SPORT

Kilimanschanzo
Schanzenstraße 69
(Büroadresse)
www.kilimanschanzo.de
→ *Kletterwände an einem zwanzig Meter hohen alten Hochbunker hinter der Roten Flora*

Schanzenpark
→ *Stadtteilpark mit sommerlichem Freiluftkino, Boule-Bahn und Spielplätzen*

Sportplatz Sternschanze
Sternschanze 9
→ *lokaler Fußball im Kunstrasen-Käfig*

KULTUR

Delphi
Eimsbütteler Chaussee 5
www.delphi-showpalast.de
→ *Konzerte und musikalische Revuen*

3001
Schanzenstraße 75
www.3001-kino.de
→ *Programmkino mit ausgesuchtem Spielplan*

Fools Garden
Lerchenstraße 113
www.foolsgarden-theater.de
→ *Jazz, Folk, Comedy, Theater und Kleinkunst*

Knust
Neuer Kamp 30
www.knusthamburg.de
→ *mittelgroße Rockbühne*

Kulturhaus III&70
Schulterblatt 73
www.dreiundsiebzig.de
→ *Kneipe, Club, Konzertbühne*

Photoautomat
Neuer Kamp 30
→ *beliebter Ort für spaßiges Momente-festhalten*

Rote Flora
Schulterblatt 71
www.nadir.org/nadir/initiativ/roteflora/
→ *links-autonomes Stadtteilzentrum, Konzertbühne und Club*

SOZIALES / NON-PROFIT

Centro Sociale
Sternstraße 2
www.centrosociale.de
→ *autonomer Nachbarschaftstreff und politische Stadtteilarbeit*

Schlumper
Neuer Kamp 30
www.schlumper.de
→ *Atelier und Galerie einer Gruppe behinderter Künstler*

Volkshochschule Mitte/Eimsbüttel
Schanzenstraße 75–77
www.vhs-hamburg.de/ueber-uns/regionen-zentren/mitte-eimsbuettel-37
→ *jede Menge Kurse im ehemaligen Montblanc-Gebäude*

KAROLINENVIERTEL 5

U-Bahn-Station Feldstraße * Marktstraße/Ölmühlenplatz * Vorwerkstift/ »Bambule« * Glashüttenstraße * Lagerstraße/Karolinenstraße * Israelitische Töchterschule * Carolinen-Passage * Ehemalige Gnadenkirche

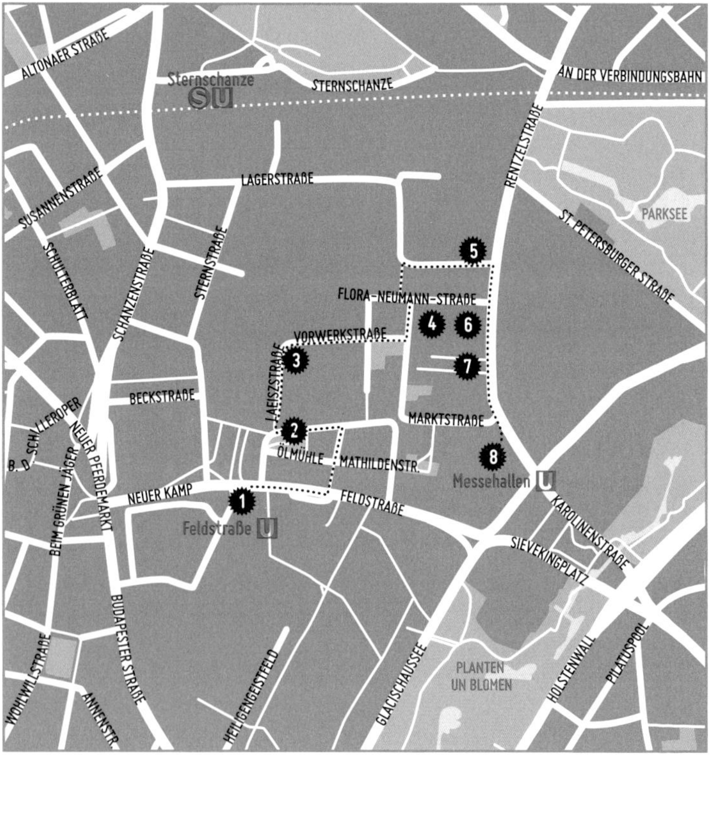

STARTPUNKT: U-Bahn-Station Feldstraße
ENDPUNKT: U-Bahn-Station Messehallen
DAUER: etwa 1,5 Stunden

Das Karolinenviertel ist das nordöstlichste Wohnviertel St. Paulis und bildet eine räumlich recht kleine, engbebaute Enklave innerhalb des Stadtteils, da es nach allen Seiten von anderen Nutzungen als dem Wohnen umgeben ist.

Im Westen wird es vom Schlachthofgelände begrenzt, im Norden und Osten liegen das Messegelände sowie die Gerichte und im Süden die freie Fläche des Heiligengeistfelds. Immer wieder weckte diese Lage Begehrlichkeiten, den Stadtteil abzureißen. So gab es Anfang der 1960er Jahre beispielsweise Pläne, hier einen Sport- und Kongress-Komplex anzulegen, oder noch in den 1990er Jahren die Idee, das Messegelände auf dieses Gebiet zu erweitern. Aus diesem Grund wurde über viele Jahre kaum in die Gebäude investiert, sodass diese vielfach verfielen und die Mieten hier zeitweilig recht günstig waren. Ähnlich wie im Schanzenviertel zog dies Menschen mit kleinem Portemonnaie, aber mitunter kreativen Ideen an: Studierende, Künstler und Migranten fanden hier erschwingliche Bleiben. Seit den 1990er Jahren haben im Viertel umfangreiche Sanierungen und teilweise auch Neubebauungen – vornehmlich durch Baugemeinschaften – stattgefunden. Doch auch im »Karo-Viertel«, wie es abgekürzt meist genannt wird, ist die Zeit der günstigen Mieten allmählich vorbei, da auch dieses Quartier mehr und mehr der Mietspekulation im Zuge der Gentrifizierung anheimfällt. Ende 2013 wurde der Status als »Sanierungsgebiet« beendet. Die Anwendung einer »Sozialen Erhaltungsverordnung« soll seither aber eine massive Umwandlung von Miet- in Eigentumswohnungen verhindern.

2010 lebten im Karo-Viertel knapp 4000 Menschen. Der größte Teil der Bevölkerung »tickt« dabei eher »links«, und die Bewohnerschaft ist für ihre politische Aktivität bekannt. So wählten bei den Bürgerschaftswah-

1 U-BAHN-EINGANG FELDSTRASSE, UM 1912

len 2011 je rund dreißig Prozent der Wahlberechtigten die Grünen und die SPD, fast ein Viertel die Linke und acht Prozent die Piraten. CDU und FDP hingegen kamen zusammen auf keine fünf Prozent!

1 U-BAHN-STATION FELDSTRASSE

Unsere Tour beginnt an der U-Bahn-Station Feldstraße, die Teil der 1912 eröffneten ersten Ringlinie der Hamburger Hochbahn ist. Der eher unscheinbare Eingang aus der Nachkriegszeit hatte bis Anfang der 1950er Jahre einen für eine Millionenstadt ungewöhnlichen Vorgängerbau. Er bestand lediglich aus einem kleinen aufgeständerten Dach mit Giebelverzierungen, die an ein Bauernhaus denken ließen. Dies passte zwar kaum zum dichtbesiedelten Arbeiterquartier gegenüber, wohl aber zur sonstigen vormaligen Nachbarschaft. Das Heiligengeistfeld wurde über viele Jahrhunderte als Weideland genutzt, Viehmarkthalle im Westen und Schlachthof im Norden markierten hingegen den Schlusspunkt der bäuerlichen Nutztierzucht. Darüber hinaus stand direkt neben dem U-Bahn-Eingang bis 1939 noch eine alte Windmühle von 1816, die somit nur kurze Zeit nach den Zerstörungen während der französischen Besetzung Hamburgs 1813/14 errichtet worden war, nachdem eine ältere Mühle der Schaffung eines freien Schussfeldes vor den Toren der Stadt Hamburg zum Opfer gefallen war (Abb. 1, vgl. Rundgang 3).

U-Bahn-Fahren stand in der Frühzeit der Bahn nicht unbedingt auf dem Tagesplan der Bewohner des Karolinen- bzw. des Schanzenviertels, auch wenn die U-Bahn hier hielt. Die Fahrten waren recht teuer und wurden, wenn möglich, vermieden. Sehr lange Fußwege zur Arbeit waren für die meisten Menschen, anders als heute, normal. Zudem fanden viele Bewohner auch direkt in ihren Wohngebieten Arbeit, denn ebenso wie das Schanzenviertel (vgl. Rundgang 4) war das Karolinenviertel immer auch Standort zahlreicher Gewerbe und Fabriken.

Bevor wir ins eigentliche Karo-Viertel gehen, werfen wir noch einmal einen Blick Richtung Norden zur ehemaligen Rinderschlachthalle. Ihr gegenüber, also auf der Straßenseite, auf der wir uns befinden, schloss sich ein Teil des Viehmarktgeländes an. Von dort konnten die Tiere durch eine »Trift«, einen kleinen Tunnel ungefähr zwischen Schlachthalle und U-Bahn-Graben, unter der Straße hindurch direkt zum Schlachthof getrieben werden. Auch ein Bahnanschluss verlief hier, der nach Norden zum Bahnhof Sternschanze führte. Erst mit der Umgestaltung in den 1990er Jahren sind die letzten Spuren dieser beiden Relikte leider verschwunden (Abb. 2). (Weitere Informationen zum früheren Schlachthof finden sich in Rundgang 4).

Wir überqueren nun die Feldstraße und gehen zunächst nach rechts, bis wir an die nur für Fußgänger zugängliche Einmündung in die Turnerstraße gelangen. Heiligengeistfeld, »Hamburger Dom« und Bunker, die diesen Abschnitt dominieren, bleiben auf dieser Tour übrigens unerwähnt, da sie im zweiten Rundgang ausführlich beschrieben werden.

2 SCHLACHTHOFGELÄNDE MIT BAHNANSCHLUSS UND DER »TRIFT«, DIE VON LINKS HINTER DER WINDMÜHLE UNTER DER STRASSE DURCH ZUR RINDERSCHLACHTHALLE FÜHRT

An der Turnerstraße biegen wir links ab und folgen ihr bis zur Marktstraße.

Die Turnerstraße hat ihren Namen nicht etwa von einem britischen Herrn namens Turner erhalten, sondern nach den Leibesübungen, die im 19. Jahrhundert in Mode kamen. Ursprünglich führte sie nicht bis zur Feldstraße, sondern als »Turnergang« von der Marktstraße zu einer 1902 abgebrochenen Turnhalle an der Feldstraße, in der die Sportler des »Hamburg-St. Pauli Turnvereins e.V. von 1862« damals noch auf Sandfußboden im Inneren der Halle turnten. Der »große« FC St. Pauli sollte sich später von diesem Verein abspalten.

2 MARKTSTRASSE/ÖLMÜHLENPLATZ

Schon auf diesem ersten Stück unserer Strecke fällt auf, dass die Wohnbebauung im Karolinenviertel zum allergrößten Teil noch aus dem 19. Jahrhundert stammt und von eher einfacher Gestalt und Ausstattung ist. Hier wie auch in anderen Gegenden rund um die alte Festungslinie kam es nach der Aufhebung der Torsperre ab 1861 zu einer immer dichteren Bebauung, bei der zunächst die Blockränder und später auch die Hinterhöfe mit Wohngebäuden überzogen wurden. Zuvor war diese Gegend noch durch eine Gartenhausbebauung geprägt, die aber der industriellen Großstadt Platz machen musste.

Auf dem Weg zur Marktstraße haben wir bereits Geschäfte passiert, die den Wandel im Viertel verkörpern, zum Beispiel ein feines Souterrain-Restaurant. Weiter geht es links die Marktstraße hinunter bis zu der kleinen Grünfläche, dem »Ölmühlenplatz«, an ihrem linken Ende. Auf dem Weg kommen wir an einer Reihe schicker Lädchen vorbei, deren Angebote sich auf den ersten Blick kaum unterscheiden lassen.

Die Marktstraße führte bis zum Bau des Schlachthofs weiter nach Westen und endete am Neuen Pferdemarkt. Was ihre Einwohnerschaft anbelangt, war sie schon in den 1840er Jahren proletarisch geprägt, wie einer zeitgenössischen Beschreibung zu entnehmen ist: »Nördlich vom heiligen Geistfelde – [...] auf dem nun die Schlachter einige Hammel grasen lassen – wohnen in der Marktstraße und deren Umgebungen in unansehnlichen Häusern größtenteils Handwerker, Fuhrleute, Fabrikarbeiter und dergleichen [...].«

Seit den 1980er Jahren hat sich die Marktstraße zu jener Mode- und Szenemeile entwickelt, die sie heute tagsüber ist. Junge Designer schneidern und verkaufen hier ihre Mode, Secondhand-Klamottten und Baby-Chic werden angeboten und manch spezieller Stil kleiner Subszenen bedient. Dazwischen finden sich Galerien, Cafés und Kneipen, Punk- und Funk-Plattenläden. Das abendliche Schicksal der vollkommenen Überfüllung, das allwochenendlich die Straßen rund um das Schulterblatt oder die Reeperbahn heimsucht, ist der Marktstraße allerdings weitgehend erspart geblieben. Dennoch mahlt die touristische und ökonomische Verwertungsmaschinerie sehr ordentlich, wenn etwa eine konservative Zeitung wie »Die Welt« die Straße preist und fordert, »das museumsreife Viertel für den Hamburg-Tourismus nutzbar zu machen«. Denn schließlich herr-

3+4 ÖLMÜHLENPLATZ UND »KEIMZELLE«

sche hier eine Atmosphäre »wie im Urlaub in den Abruzzen« und man spüre »den Hauch der frühen Londoner Carnaby Street«.

Der inoffiziell so genannte »Ölmühlenplatz« ist erst seit Ende der 1990er Jahre eine kleine, grüne Ruheoase des Quartiers (Abb. 3). Er hat seinen Namen von einer Ölmühle, die im 17. Jahrhundert etwas nördlich von hier betrieben wurde und bei den dänischen Angriffen auf die Sternschanze und Hamburg 1686 von den Hamburgern zur Schaffung eines »Glacis« abgebrochen wurde. Erstaunlicherweise hat sich der Name über die Jahrhunderte erhalten. Die Ölmühle ist aber auch ein weiteres Beispiel dafür, dass man innerhalb der Stadtmauern unerwünschte Gewerbe, die viel Lärm oder unangenehme Gerüche verursachten, gern in die Vorstädte verbannte.

Bis zum Zweiten Weltkrieg war auch diese Fläche mit Wohn- und Gewerbegebäuden bebaut, die jedoch im Krieg zerstört wurden. In den folgenden Jahrzehnten blieb sie eine Brachfläche, die seit 1963 für mehr als dreißig Jahre als Parkplatz genutzt wurde, ehe Ideen und Aktionen der Anwohner dafür sorgten, dass hier eine neue Grünfläche entstehen konnte. Im Rahmen eines Stadtteilfestes 1994 sperrten sie den Parkplatz kurzerhand ab und begannen, ihn zu bepflanzen. Da Politik und Verwaltung letztlich einlenkten, konnte der kleine Park in diesem mit Erholungsflächen nur spärlich ausgestatteten Stadtgebiet realisiert werden. Rund um den Platz entstanden zudem einige Wohnungsneubauten, die zum Teil durch

Baugemeinschaften realisiert wurden. Bevor wir nun nach rechts in die Laeiszstraße abbiegen, kommen wir noch an der »Keimzelle« vorbei (Abb. 4). Hier wird seit 2011 von Anwohnern »urban gardening« betrieben, ein Projekt, bei dem es um mehr als den Anbau von Kräutern und Gemüse geht. Ziel ist es, auf dem Gelände der ehemaligen Rindermarkthalle am Neuen Kamp (vgl. Rundgang 2) langfristig einen großen »sozialen Garten« zu schaffen, wo Menschen aus der Nachbarschaft sich treffen und gleichzeitig einen Teil ihrer Nahrungsmittel gemeinschaftlich selbst erzeugen können.

5 VORWERKSTIFT

3 VORWERKSTIFT/»BAMBULE«

Die Laeiszstraße schmiegt sich an das ehemalige Schlachthofgelände und macht dann eine scharfe Kurve nach rechts in die Vorwerkstraße. Beide Straßen sind nach Hamburger Reeder-Familien benannt, die hier in der Vorstadt aus ihren Vermögen Wohnhäuser für die ärmere Bevölkerung errichten ließen.

An der Laeiszstraße, wo heute ein Bolzplatz ist, stand von 1860/61 bis 1976 ein Wohnstift, in dem zuletzt alleinstehende Rentnerinnen lebten. Gleich um die Ecke liegt nebenan noch heute das Gebäude des »Vorwerkstifts« von 1866/67 (Abb. 5). Dieses Wohnstift wurde von dem Reeder und Kaufmann Georg Friedrich Vorwerk (1793–1867) erbaut und bot zunächst Unterkünfte für unbemittelte Lehrlinge, nach 1916 dann für einen größeren Kreis von »unschuldig Verarmten«, vor allem Witwen. Bei seiner

 Gründung lag das Stift am Rande des Viertels freistehend im Grünen, wie es für Stifte damals üblich war.

Nachdem das Gebäude in den 1980er Jahren weitgehend leer gestanden hatte, wurde es 1989 besetzt. Dem Wunsch der Besetzer nach der Schaffung eines Künstlerhauses konnte unter Vermittlung der »Patriotischen Gesellschaft von 1765«, einer aus der Zeit der Aufklärung stammenden gemeinnützigen Institution, deren Ziel die »Beförderung der Künste und nützlichen Gewerbe« ist, entsprochen werden. Seit 1990 vermietet die eigens gegründete »Stiftung Freiraum e.V.« ungefähr zwanzig Wohnungen auf drei bis fünf Jahre zu günstigen Mieten an junge Künstler, denen Ateliers, ein Musikraum, ein Fotolabor und eine Holzwerkstatt sowie Ausstellungsräume zur Verfügung stehen.

Vor dem Bau der Stiftsgebäude befand sich auf diesem Areal ein sogenannter »Gassenkummerplatz«, der all jenen Dingen vorbehalten war, die in den Straßen der Stadt Kummer bereiteten, mit anderen Worten: dem Müll und Unrat der Hamburger. Auch für diesen Zweck lag es nahe, einen Ort außerhalb der eigentlichen Stadt in der Vorstadt zu wählen.

Kummer bereitete zumindest einigen Anwohnern – aber vor allem der Hamburger Politik – der Bauwagenplatz »Bambule«, der sich zwischen 1994 und 2002 in der Vorwerkstraße angesiedelt hatte. Toleriert und teils unterstützt von einer Mehrheit der Anwohner, wurde der Bauwagenplatz trotz zahlreicher Demonstrationen und Solidaritätsaktionen von innerhalb und außerhalb des Viertels unter der unsäglichen CDU-FDP-»Schill-Partei«-Koaltion geräumt.

Am Ende der Vorwerkstraße biegen wir nach links in die Glashüttenstraße ab. Unser nächster Stopp ist bei den beiden ehemaligen Industriegebäuden kurz vor der nächsten Kreuzung.

4 GLASHÜTTENSTRASSE

Die beiden Industriegebäude am Ende der Glashüttenstraße werden heute vornehmlich von einer der größten und bekanntesten Werbeagenturen Deutschlands, »Jung von Matt«, genutzt, die bereits seit über zwanzig Jahren im Karo-Viertel ansässig ist und hier ganz klein anfing. Bei dem Fabrikgebäude auf dem Hof der rechten Straßenseite handelt es sich um eine sogenannte Mietfabrik von 1907/08. Ähnlich den Kontorhäusern in der Hamburger Innenstadt, die seit Ende des 19. Jahrhunderts frei einteilbare Geschäftsräume in Stahlbetonskelettbauten boten, wurde dieses Prinzip hier auf ein Industriegebäude angewendet. Kleinere Gewerbebetriebe konnten hier ihren Geschäftszwecken gemäß Räume anmieten. Das große Trojanische Pferd an der Fassade der Hauswand links ist das Symbol von Jung von Matt und versinnbildlicht die Geschäftsmaxime der Firma: Werbung muss freundlich und wie ein Geschenk daherkommen, um dann den Konsumenten gnadenlos für das Produkt einzunehmen (Abb. 6). Auf der gegenüberliegenden Seite nutzt die Werbeagentur eine ungefähr zur gleichen Zeit erbaute ehemalige Werkzeugfabrik, in der von der Firma Heidenreich & Harbeck ursprünglich Drehbänke hergestellt wurden. Ein späterer Nutzer war dann die Miederwarenfabrik der Firma Warner (Abb. 7).

6 FIRMENSYMBOL JUNG VON MATT

Links und rechts der Einmündung in die Glashüttenstraße stehen zwei einfache Schulhäuser aus der Zeit um 1890. Die linker Hand liegende ehemalige »Rumbaumsche Schule« fand hier zu dieser Zeit einen neuen Standort (Abb. 8), nachdem sie sich bereits seit zweihundert Jahren in der Neustadt befunden hatte. Bei der Schule handelte es sich um eine renommierte Privatschule, deren berühmtester Schüler zwischen 1896 und 1904 der spätere Friedensnobelpreisträger Carl von Ossietzky (1889–1939) war.

7+8 WERBUNG DES MIEDERWARENHERSTELLERS WARNER UND RUMBAUMSCHE SCHULE, 1890

Da ihr Stiftungskapital nicht mehr ausreichte, musste sie 1920 schließen. Heute findet in dem Gebäude unter anderem Stadtteilarbeit statt.

Die Flora-Neumann-Straße, die wir gleich überqueren werden, trägt diesen Namen erst seit 2010 und erinnert an eine Widerstandskämpferin und KZ-Überlebende, die seit 1945 eine Wäscherei im Karolinenviertel betrieb. Bis in die 1950er Jahre hieß die Straße Kampstraße und führte über das Schlachthofgelände ins Schanzenviertel (vgl. Rundgang 4). Mit der Kappung dieser Verbindung manifestierte sich die Insellage des Karo-Viertels endgültig.

Wir gehen nun geradeaus durch das kleine Verbindungsstück zur Lagerstraße und biegen nach rechts in diese ab, sodass wir an das nördliche Ende der Karolinenstraße gelangen.

5 LAGERSTRASSE/KAROLINENSTRASSE

An dieser Ecke begegnet uns ein skurriles Exempel des Denkmalschutzes. Es handelt sich um das ehemalige Verwaltungsgebäude des Heizkraftwerkes »Karoline«. Erbaut wurde es 1894/95 von dem Altonaer Architekten Albert Winkler (1854–1901), einem Vertreter der »Hannoverschen

Schule« (vgl. Rundgang 2). Bei der Erweiterung des Messegeländes (Ingenhoven + Partner, 2004–08) stand ein Teil des Gebäudes einer neuen Streckenführung der Lagerstraße im Weg. Kurzerhand wurde ein Stück des Hauses abgebrochen und die Symmetrie des Gebäudes zerstört. Wie in eine klaffende Wunde kann man seither durch die gläserne Verkleidung ins Innere des erhaltenen Gebäudeteils blicken. Interessant gelöst ist dagegen die Fortführung des Daches der neuen Ausstellungshalle über dem alten Backsteinbau, der nun bei Regen nicht mehr nass wird (Abb. 9).

Das Kohlekraftwerk Karoline war das erste große Kraftwerk der »Hamburgischen Electricitäts-Werke«. Zwischen 1895 und dem Ende der 1980er Jahre produzierte es hier Strom und Fernwärme (Abb. 10). Die »Karoline« war als Dreckschleuder bekannt, die die Umwelt unter anderem mit Stickoxiden, Schwefeldioxid und Staub belastete. Sie trug damit zu den zahlreichen Belastungen bei, denen das Karolinenviertel ausgesetzt war und zum Teil immer noch ist. Dazu gehören auch die Düfte der Fleischverarbeitung und der erhebliche Verkehr, insbesondere wenn Messen, der Dom oder Heimspiele des FC St. Pauli stattfinden. Früher kamen auch noch Lärm und die Emissionen der vielen kleinen Gewerbebetriebe hinzu. All diese Belastungen haben dazu beigetragen, dass die Mietpreise im Stadtteil eher niedriger waren.

9+10 ÜBERBAUUNG DES VERWALTUNGSGEBÄUDES DER »KAROLINE« HEUTE UND SCHALTZENTRALE, UM 1896

Auf alten Darstellungen und Stadtplänen sieht man oft einen großen Gebäudekomplex, der sich vor dem Bau des Kraftwerks und der Anlage des Schlachthofs an dieser Stelle befand: die »Zollvereins-Niederlage Hamburg«. Dabei handelte es sich um eine 1869/70 errichtete Niederlassung des Deutschen Zollvereins außerhalb seines Zollgebiets, die vor allem aus Lagergebäuden bestand. Sie befand sich also auf Hamburger Gelände, gehörte zolltechnisch jedoch – so wie später der Freihafen – zum Ausland. Hier konnten Handelsfirmen Lagerräume mieten, aus dem Zollvereinsgebiet eingeführte Waren zollfrei lagern, weiterverarbeiten und veredeln und sie schließlich wiederum zollfrei in das Zollvereinsgebiet ausführen. Mit der Integration Hamburgs in das deutsche Zollgebiet 1888 wurde diese Einrichtung überflüssig und nach und nach abgerissen. Letzte bauliche Reste verschwanden erst bei der Messeerweiterung und zuvor beim Bau des Fernsehturms, den wir links kurz vor der Brücke über die »Verbindungsbahn«, die Eisenbahnstrecke zwischen Altona und Hamburg, sehen können (Abb. 11). Er wurde Ende der 1960er Jahre eröffnet und nach Heinrich Hertz (1857–1894), dem aus Hamburg stammenden Physiker und »Entdecker der Radiowellen«, benannt. Der Fernsehturm diente neben seiner offensichtlichen Funktion als Sendemast bis 2001 auch als Aussichtspunkt. Ein Café in der unteren Plattform bewegte sich mit einer Geschwindigkeit von einer Umdrehung pro Stunde um die Turmachse. Seit einer Asbestsanierung hat sich leider kein neuer Betreiber gefunden.

11 FERNSEHTURM

Der gegenüberliegende ältere Teil des Messegeländes wurde als solcher erst zur »Internationalen Gartenbauausstellung« 1953 eröffnet. Zuvor fanden jedoch bereits seit 1921 Messen in dem Parkgelände nahe der Eisenbahnlinie statt. Noch bis in die 1930er Jahre befanden sich auf dem heutigen Messegelände Friedhöfe verschie-

12 KARTENAUSSCHNITT MIT FRIEDHÖFEN, UM 1910

dener Kirchspiele, die hier seit dem späten 18. Jahrhundert betrieben wurden. Mit der Anlage und Eröffnung des Friedhofs Ohlsdorf 1877 wurden diese in den Folgejahren nach und nach nicht mehr für neue Bestattungen genutzt und anschließend aufgelöst (Abb. 12).

In einer der Messehallen, der nicht mehr erhaltenen »Ernst-Merck-Halle«, fanden früher auch Rock- und Beatkonzerte statt. Hier traten vor kreischendem Publikum Mitte der 1960er Jahre die Beatles ein letztes Mal in Hamburg auf, und ein Konzert der Rolling Stones (Abb. 13) löste eine berüchtigte »Halbstarken-Randale« aus, nachdem rund 2000 Jugendliche keine Eintrittskarten bekommen hatten, die Halle stürmen wollten und sich am Ende eine mehrstündige Straßenschlacht mit Hunderten Polizisten lieferten. Das »Hamburger Abendblatt« beschrieb die Konzerte der »Stones« damals folgendermaßen:

> »Das Konzert – wenn man die Sache mal so nennen darf – um 17.30 Uhr war eine Art Jugendvorstellung. Durchschnittsalter etwa 15 Jahre. Das Konzert am Abend gehörte den aufgeklärteren Jahrgängen. Beide Konzerte waren nach übereinstimmender Ansicht aller Dabeigewesenen – ob jung oder alt – eine grandiose Show, wie sie Hamburg bisher selten erlebte. [...] Die bis ins Mark dringende Beat-Musik, die auf-

13 ROLLING STONES IN DER ERNST-MERCK-HALLE

geräumte Stimmung, die echte Begeisterung der jungen Leute, die ekstatische Show auf der Bühne und im Saal – es gehört alles zusammen. Mädchen stöhnen verzückt, schluchzen, werden von Ordnern auf ihre Plätze zurückgedrängt, heulen weiter. Bei ›The Last Time‹ steht die halbe Halle auf den Stühlen, der Lärm wird orgiastisch. Ein junger Mann beginnt sich auszuziehen. Auf Befehl der Ordner muß er sich wieder anziehen […].«

Viele weitere bekannte Bands spielten in der Ernst-Merck-Halle, so zum Beispiel Queen, Pink Floyd oder Santana.

Gehen wir nun die Karolinenstraße nach Süden weiter bis zur nächsten Kreuzung.

6 ISRAELITISCHE TÖCHTERSCHULE

An dieser Kreuzung zur Flora-Neumann-Straße fällt sofort das ehemalige Schulgebäude ins Auge. Zwischen 1882 und 1884 wurde es für die »Israelitische Töchterschule« errichtet und ist eines der noch erhaltenen Beispiele für das vielfältige jüdische Leben in Hamburg (Abb. 14). Räumlich liegt die Schule zwischen der Neustadt, dem traditionellen Wohngebiet der Juden in Hamburg bis zur zweiten Hälfte des 19. Jahrhunderts, und dem weiter nördlich von unserem Standort, jenseits der Bahngleise gelegenen Grindelviertel, das sich danach zum Stadtteil mit dem größten Anteil jüdischer Bewohner und Einrichtungen entwickelte.

Juden siedelten sich in Hamburg bereits seit dem späten 16. Jahrhundert an. Die Hamburger standen den Andersgläubigen jedoch mit Skepsis gegenüber. Freie Religionsausübung oder einen jüdischen Friedhof wollte man in der eigenen Stadt zunächst nicht gern dulden. Im benachbarten Altona erhielten Juden gegen die Zahlung von Schutzgeldern hingegen bereits ab 1612 zahlreiche Privilegien. Doch viele Juden blieben auch in den folgenden Jahrhunderten in Hamburg. Da es sich bei ihnen oft um wohlhabende Kaufmannsfamilien handelte, hatten die Hamburger ein Interesse daran, von ihrer wirtschaftlichen Bedeutung zu profitieren, weshalb man ihre Anwesenheit nun auch hier gegen die Zahlung von Schutzgeld duldete. Die freie Religionsausübung und rechtliche Gleichstellung der Juden ließen in Hamburg dann allerdings bis 1860 auf sich warten. Im Zuge der Stadterweiterung nach Aufhebung der Torsperre 1860/61 zogen viele jüdische Bürger schließlich von der Neustadt in die Gegenden zwischen westlichem Alsterufer und nördlichem St. Pauli, wo der Aufbau eines neuen religiösen Zentrums mit dem Bau von Schulen, Synagogen, koscheren Restaurants, Geschäften und medizinischer Versorgung möglich war. Noch dazu lag bereits seit 1711 ein jüdischer Friedhof zwischen Rentzelstraße, Durchschnitt und heutiger Verbindungsbahn.

14 ISRAELITISCHE TÖCHTERSCHULE

Die Israelitische Töchterschule ging aus der Vereinigung zweier kleinerer Mädchenschulen hervor. Sie war eine Armenschule, die sich aufgrund der Anwendung moderner pädagogischer Methoden einen hervorragenden Ruf erwarb. Ziel der Erziehung war es, die Schülerinnen auf eine Berufstätigkeit und den damit verbundenen sozialen Aufstieg vorzubereiten. Mit der

Nazi-Zeit fand auch hier das jüdische Schulleben ein schreckliches Ende. Hatten die Nationalsozialisten noch Mitte der 1930er Jahre den Fortbestand jüdischer Privatschulen gutgeheißen, weil dies die öffentlichen Schulen »von jüdischen Elementen entlaste«, so wurde die Schule 1942 aufgelöst, nachdem sie als Unterrichtsort für jüdische Schüler verschiedener bereits geschlossener Schulen zunächst fortbestanden hatte. Bis zum Kriegsende nutzte die Gestapo das Gebäude. Nach dem Krieg zog eine Sprachheilschule ein. 1988 folgte der Umbau zu einer Gedenk- und Bildungsstätte, die von der Hamburger Volkshochschule getragen wird. Hier finden politische Bildungsveranstaltungen, insbesondere zu jüdischen Themen, statt, und es wird eine Dauerausstellung zur Geschichte der jüdischen Schulen in Hamburg präsentiert. Zum Gedenken an den letzten jüdischen Schulleiter wurde das Gebäude 1998 in Dr. Alberto Jonas-Haus umbenannt. Jonas wurde, wie so viele seiner Schülerinnen und Schüler, nach Theresienstadt deportiert und fand dort 1942 den Tod. Insgesamt fielen schätzungsweise 10 000 Hamburger Juden dem Terror und Mord der Nationalsozialisten zum Opfer.

Unser Weg führt nun die Karolinenstraße weiter in Richtung Süden bis zur »Carolinen-Passage«.

7 CAROLINEN-PASSAGE

Die Karolinenstraße wurde 1843 angelegt und ursprünglich mit »C« geschrieben, wie es noch an den Schmuckfeldern am Beginn der Hinterhofbebauung zu lesen ist. Auch das Kraftwerk bekam seinen Namen demnach von der Straße, die ihn wiederum nicht nach einer historischen Person, sondern aus reiner Willkür erhielt. Zu jener Zeit hatte hier, vor den Toren der Stadt, eine neue Bauphase begonnen. Nur drei Jahrzehnte zuvor war jegliche Bebauung in unmittelbarer Festungsnähe von den französischen Besatzern aus Verteidigungszwecken »niedergelegt« worden. Danach entstanden hier zunächst einige Landhäuser mit ausgedehnten Gärten in ländlicher Umgebung und mit Blick auf die parkartigen Friedhöfe.

15 HOLSTENTOR, 1861

Nach dem »Großen Brand« Hamburgs 1842, bei dem bald ein Drittel der heutigen Innenstadt zwischen Deichstraße, Jungfernstieg und heutigem Hauptbahnhof zerstört wurde, entstanden auch hier vor den Toren der Stadt einige Notunterkünfte, von denen an der Marktstraße auf Höhe der Hausnummer 7 noch zwei eingeschossige Hinterhofzeilen erhalten sind.

Eine erste intensivere Bebauungsphase folgte in den nächsten beiden Jahrzehnten, in denen einfache Wohnhäuser, aber auch bereits Gewerbebauten entstanden. Die nächste Bauphase setzte 1859 mit der Einrichtung des Holstentors auf der Höhe des heutigen Brahmsplatzes ein (Abb. 15). Der Weg aus der Stadt Hamburg in diesen Teil der Vorstadt wurde dadurch erheblich verkürzt, weil man nun nicht mehr den Umweg über das Dammtor oder das Millerntor nehmen musste. Der nördliche Teil St. Paulis wurde jetzt auch zum Leben attraktiver, und das erst recht, als nur zwei Jahre später die Torsperre aufgehoben wurde. Die zweite Hälfte des 19. Jahrhunderts war dann auch geprägt von der weiteren Erschließung des Viertels mit Wohn- und Fabrikbauten. Hamburg war in jener Zeit, in der sich die Industrialisierung in Deutschland mit aller Macht Bahn brach, Ziel hunderttausendfacher Zuwanderung aus den ländlichen Gebieten. Innerhalb von rund fünfzig Jahren verfünffachte sich die Einwohnerzahl der Stadt von etwa 200 000 Bewohnern zur Zeit der Aufhebung der Torsperre auf ungefähr eine Million kurz vor dem Ersten Weltkrieg. Da die

Fläche der Stadt nicht annähernd im gleichen Verhältnis wuchs, wurde die Bebauung in der Stadt und den Stadtteilen rund um den alten Wallring immer dichter, was insbesondere auch im Karolinenviertel schön zu sehen ist. Entstanden zunächst einfache, zum Teil aber auch recht herrschaftliche Etagenmietshäuser an den Blockrändern, so wurden nach und nach auch die Hinterhöfe mit sogenannten »Terrassen« erschlossen, von denen wir mit der Carolinen-Passage von 1883/84 ein schönes Beispiel vor Augen haben (Abb. 16). Die meisten Gebäude entstanden vor 1900 als spekulative Bauten.

Der Begriff »Terrasse« ist abgeleitet von den britischen »terraced houses«, jenen unendlichen Reihenhausreihen, die die Blockränder der meisten Städte Großbritanniens zieren. In Hamburg etablierte sich der Begriff jedoch schon im 19. Jahrhundert für Häuserreihen mit einfachsten, kleinen Mietwohnungen, die gerade nicht zur Straße hin ausgerichtet, sondern rechtwinklig zur Blockrandbebauung, quer zu den Straßen angeordnet sind. An sich ist der Begriff also etwas unpassend gewählt, sollte aber vermutlich einer eher unschönen Sache einen netten Namen geben. Vielleicht beruht die Namenswahl aber auch darauf, dass diese Häuserreihen wie Terrassen an die Vorderhäuser anschließen. Die Hamburger Terrassenhäuser sind nur über einen – oft nicht befahrbaren – Zugang von der Straße aus erreichbar. Kann man eine solche Terrasse an beiden Enden zu den Straßen hin verlassen, dann handelt es sich um eine Passage. In ihrer Form sind Terrassenbauten eine historische, typisch hamburgische Siedlungsform.

Entlang der Karolinenstraße gibt es noch mehrere Hinterhöfe, die sich – bitte dezent – entdecken lassen, so zum Beispiel rechts und links der »Carolinen-Passage« weitere Reihen mit Terrassenbebauung, deren Souterrainwohnungen teilweise noch erkennbar sind, welche seit dem späten 19. Jahrhundert nicht mehr gebaut werden durften.

Wir überqueren jetzt die Kreuzung zur Marktstraße und gelangen auf den Platz bei der ehemaligen Gnadenkirche.

16+17 CAROLINEN-PASSAGE UND EHEMALIGE GNADENKIRCHE

8 EHEMALIGE GNADENKIRCHE

2008 war es endlich so weit: Die Kirche des Stadtteils lag nun nicht mehr auf einer verkehrsumtosten Insel, sondern wurde durch eine neue Verkehrsführung an den Stadtteil angebunden. Noch dazu entstand eine großzügige Freifläche als Ruhezone am Rande des Viertels.

Die Gnadenkirche war 1906/07 von Fernando Lorenzen (1859–1917) als neue Kirche für das immer dichter bevölkerte nördliche Areal des Stadtteils erbaut worden (Abb. 17). Ihren Namen verdankte sie ihrer unmittelbaren Nachbarschaft zu den Gerichten. Ungewöhnlich für Hamburg ist ihr neoromanisches Erscheinungsbild, das an ostkirchliche Sakralbauten erinnert, und dass beim Bau nicht auf den bei hiesigen Stadterweiterungskirchen zumeist verwendeten norddeutschen Backstein zurückgegriffen wurde. Im Inneren wurde die Kirche als Zentralraum gestaltet, der auf die Chornische mit Altar, Taufstein und Kanzel ausgerichtet war. Um die Jahrtausendwende zeigte sich, dass die Gemeinde zu klein war, um den weiteren Kirchenbetrieb aufrechtzuerhalten und die anstehenden umfangreichen Renovierungen zu finanzieren. Ende 2004 wurde die Gnadenkirche deshalb von der evangelischen Gemeinde an die russisch-orthodoxe Kirche übergeben. Ihr dreieinhalb Tonnen schwerer Sandsteinaltar konnte in die St. Pauli-Kirche umziehen (die bis dahin erstaunlicherweise keinen echten Altar besessen hatte, sondern nur eine hölzerne Attrappe), weil im russisch-orthodoxen Gottesdienst für die rituellen Verrichtungen lediglich ein Holztisch benutzt wird. Auch wird während der Zeremonien gestanden, weswegen die Kirchenbänke ausgebaut bzw. an den Rand des Kirchenschiffs versetzt wurden. Und zuguterletzt ist auch der Name der Kirche heute ein anderer. Sie heißt nun »Kirche des Heiligen Johannes von Kronstadt«. Im Inneren ist sie seither mit einer in Europa einzigartigen, steinernen Ikonostase, das heißt einer mit Ikonen geschmückten Wand, ausgestattet worden, die den Altarraum vom Kirchenraum trennt.

Links der Kirche, wo bis 2013 ein in der Gründerzeit als provisorisches Schulgebäude errichtetes Fachwerkhaus stand, befindet sich seit 2014 mit dem »Tschaikowsky-Haus« ein neues Kultur- und Gemeindezentrum der russisch-orthodoxen Gemeinde. Das Fachwerkhaus war aufgrund massiven Termitenbefalls nicht zu retten.

Zuletzt werfen wir noch einen Blick auf die steinerne Skulptur am Südende des Karolinenplatzes. Sie wurde ebenfalls 2008 aufgestellt und stammt von einem Künstler aus dem Viertel, Heiko Zahlmann. Von oben gesehen bildet sich die Postleitzahl des Stadtteils – 20357 – in abstrakter Form (Abb. 18). Zahlmann hat seine Wurzeln in der Graffitikunst, die eng mit der Skaterszene verbunden ist. Es ist deshalb eine besondere Ironie, dass das Kunstwerk sofort von den Skatern in Gebrauch genommen wurde und mit einem im Boden platzierten Gitterrelief gegen die eigentlich naheliegende Aneignung geschützt werden musste.

18 SKULPTUR »20357«

Die historische Erkundung unseres Rundgangs endet hier nahe der U-Bahn-Station Messehallen. Wer jetzt

Lust auf mehr Grün hat, kann hier nach links in den sechsten Rundgang durch Planten un Blomen einschwenken, wer keine Lust mehr auf Stadtkunde hat, kann die Marktstraße zur U-Bahn-Station Feldstraße zurückschlendern.

19 WERBUNG DER PARFÜMERIEFABRIK DOUGLAS

Auch die Hinterhöfe hinter den Gebäuden der Karolinenstraße hier am Platz sind einen kurzen Besuch wert. Hinter der Hausnummer 2 verbirgt sich beispielsweise ein Wohn- und Gewerbehof, bestehend aus einem bürgerlichen, zur Straße gelegenen Etagenhaus von 1885/90 mit 5-Zimmer-Wohnungen samt Mädchenzimmer und Bad. Dahinter liegt ein älteres, einfaches Wohnhaus (1870/75) mit 3-Zimmer-Wohnungen (damals ohne Bad) sowie zwei Mietfabriken (um 1900).

Auf dem Grundstück der heutigen Hausnummer 3 befanden sich übrigens zeitweilig die Fabrik und das Lager der heute noch existierenden Parfümerie Douglas, wo Seifen und Duftwasser hergestellt wurden (Abb. 19). Gegründet wurde die Firma von dem schottischen Seifensieder John Sharp Douglas, der nach Deutschland auswanderte und 1821 die erste Seifen- und Parfümeriefabrik Hamburgs gründete. Verkaufsschlager – und auch heute wieder im Sortiment – war seine mehrfach preisgekrönte Kokosnussöl-Sodaseife, die er 1830 auf den Markt brachte. Ab 1910 und verstärkt ab 1969 erfolgte der Ausbau des Unternehmens zu einer Filialkette und schließlich zu einer Holding, die ihre Geschäfte heute nicht nur mit Düften, sondern auch mit Schmuck, Bekleidung, Süßwaren und – unter dem Namen Thalia, einem anderen Hamburger Traditionsunternehmen – mit Büchern macht.

Auch hinter den Hausnummern 4–6 und 10/11 befinden sich interessante Innenhöfe, mit deren Besuch unsere Tour endet.

BARS / KNEIPEN / NACHTLEBEN

Karoecke
Marktstraße 92
→ *urige Kneipe für Bier, Kaffee, Kuchen und Snacks*

September
Feldstraße 60
www.september-hh.de
→ *nettes Kneipen-Restaurant*

Shamrock
Feldstraße 40
www.shamrockirishbar.com
→ *ältester Irish-Pub Hamburgs*

Yoko Mono
Marktstraße 41
www.yokomono.de
→ *Café und Bar am Ölmühlenplatz*

CAFÉS / RESTAURANTS

Café Klatsch
Glashüttenstraße 17
www.cafe-klatsch-hamburg.de
→ *schnuffiges Keller-Café*

Café Mayer
Feldstraße 36
www.mayer-cafe.de
→ *modern-schlichtes Café mit mietbaren (Seminar-)Räumen*

Café Oriental
Marktstraße 21
→ *Teetrinken und Rauchen*

Cento Lire
Karolinenstraße 12
www.trattoriacentolire.de
→ *italienische Speisen im klassischen Trattoria-Style*

Gretchens Villa
Marktstraße 142
→ *schnuckeliges Café*

Karofisch
Feldstraße 32
→ *bester Fischimbiss weit und breit*

Mangold
Ölmühle 30
www.mangold-hamburg.de
→ *entspannte Trink- und Speisewirtschaft*

Mess
Turnerstraße 9
www.mess.de/restaurant
→ *feine Küche, vor allem mediterran-asiatisch*

Panter
Marktstraße 3
→ *Café mit Turngeräten als Sitzgelegenheiten*

Sehr Schmeck
Marktstraße 102
→ *nettes, kleines Bagelcafé*

Timbuktu
Marktstraße 130
➜ *afrikanische und karibische Küche*

LÄDEN

AG999
Karolinenstraße 30
www.ag999.de
➜ *geradliniges Schmuckdesign, auch mit FC St. Pauli-Linie*

Anna Fuchs
Karolinenstraße 27
www.annafuchs.de
➜ *elegantes und farbenfrohes Modedesign*

Anna Golightly
Marktstraße 147
www.annagolightly.de
➜ *schnurzelige Textildesigns für Groß und Klein*

druck dealer
Marktstraße 102
www.druckdealer.de
➜ *Siebdruckwerkstatt mit Ladengalerie*

Endhemd
Glashüttensraße 108
www.endhemd.de
➜ *Laden für das letzte Hemd*

Fein Conceptstore
Marktstraße 8/9
➜ *ökologische und fair gehandelte hippe Mode*

Fischkopp Plattenshop
Grabenstraße 4
➜ *Fachgeschäft für Punkrock, Metal und deren Subgenres*

Garmcnt
Marktstraße 25
www.garmentshop.de
➜ *streng, schlicht und schön – lokal designte und gefertigte Mode*

glOryhOle
Marktstraße 145
www.gloryholeshop.de
➜ *Highend-Sneaker-Laden*

Groove City
Marktstraße 114
www.groove-city.com
➜ *Funk'n'Soul-HipHop'n'Jazz-Electro-Latin-Groove-Attack – meist auf Vinyl*

Hans Otto Gastrobedarf
Feldstraße 26
www.ottos-gastroshop.de
➜ *Pütt un Pann sowie großes Kochgerät für Profis*

Herr von Eden
Marktstraße 33
www.herrvoneden.com
➜ *Hamburgs bekanntester Schneider-meister*

Holy Bikes
Karolinenstraße 19
www.juniors-club.de
→ *Cruiser, Chopper, Lowrider, Hollandräder: ausgefallene, bequeme Fahrräder*

Holy Moly
Marktstraße 109
www.holymoly-hamburg.de
→ *Accessoires, Schnickschnack, Tinnef – buy more shit!*

Hot Dogs
Marktstraße 38
→ *original alte Sportklamotten und Accessoires*

Kunsthaltestelle
Marktstraße 147
www.kunsthaltestelle.com
→ *Laden für kleine Kunstwerke und individuelles Design*

Lockengelöt
Marktstraße 119
www.lockcngcloct.com
→ *Recycling-Wohndesign – das Original*

Mägde & Knechte / Elternhaus
Feldstraße 44 / Marktstraße 29
www.maegdeundknechte.com
www.elternhaus.com
→ *Textilien und Accessoires mit klaren Botschaften*

Otaku
Feldstraße 45
www.otaku-records.de
→ *elektronische Tonträger, tanzbar und vornehmlich aus Vinyl*

Rotkäppchen designs
Glashüttenstraße 102
www.rotkaeppchen-designs.de
→ *schöne Kopfbedeckungen*

Ruff Trade
Feldstraße 66
→ *Plattensammlerladen*

Saxifraga
Glashüttenstraße 100
www.saxifraga.de
→ *besonderer Blumenladen*

Schalloch
Karolinenstraße 4/5
www.schalloch.de
→ *Gitarren, Bässe und Percussion-Instrumente*

Senator Watrin
Marktstraße 29
www.senatorwatrin.de
→ *Kuriositätenkabinett*

Sium
Marktstraße 117
www.sium.net
→ *urbane Mode mit klarer Linie*

Urbike
Feldstraße 37
www.urbike.de
→ *Räder für Hipster*

HOTELS

NH Hamburg City
Feldstraße 53-58
www.nh-hotels.de
→ *4-Sterne-Suite-Hotel*

FREIZEIT / SPORT

Das Hamam in Hamburg
Feldstraße 39
www.das-hamam.de
→ *türkisches Wohlfühlbad*

Bolzplatz Laeiszstraße
→ *Fußball in der Stadt*

KULTUR

Israelitische Töchterschule
Karolinenstraße 35
www.vhs-hamburg.de/ueber-uns/regionen-zentren/dr-albertojonas-haus-734
→ *Ausstellung zum jüdischen Schulleben sowie Veranstaltungen zur jüdischen Kultur und Geschichte und der NS-Zeit*

Künstlerhaus Vorwerkstift
Vorwerkstraße 21
www.vorwerkstift.de
→ *Künstlerwohnraum, Ateliers und Galerie*

SOZIALES / NON-PROFIT

Intervention e.V.
Glashüttenstraße 2
www.intervention-hamburg.de
→ *Veranstaltungen, Beratung und Austausch für Lesben jeden Alters*

Keimzelle
Ölmühlenplatz
www.keimzelle.rindermarkthalle.de
→ *urban gardening und soziales Gärtnern*

Why not?
Marktstraße 55
www.why-not.org
→ *Café, Beratung und Deutschkurse für Migranten und Migrantinnen*

PLANTEN UN BLOMEN 6

Wallgraben * Japanischer Landschaftsgarten und CCH * Planten un Blomen * Parksee / Ehemalige Friedhöfe * Ehemaliger Botanischer Garten * Untersuchungsgefängnis / Gerichtsforum * Südlicher Parkteil * Bismarck-Denkmal / Alter Elbpark * Stintfang

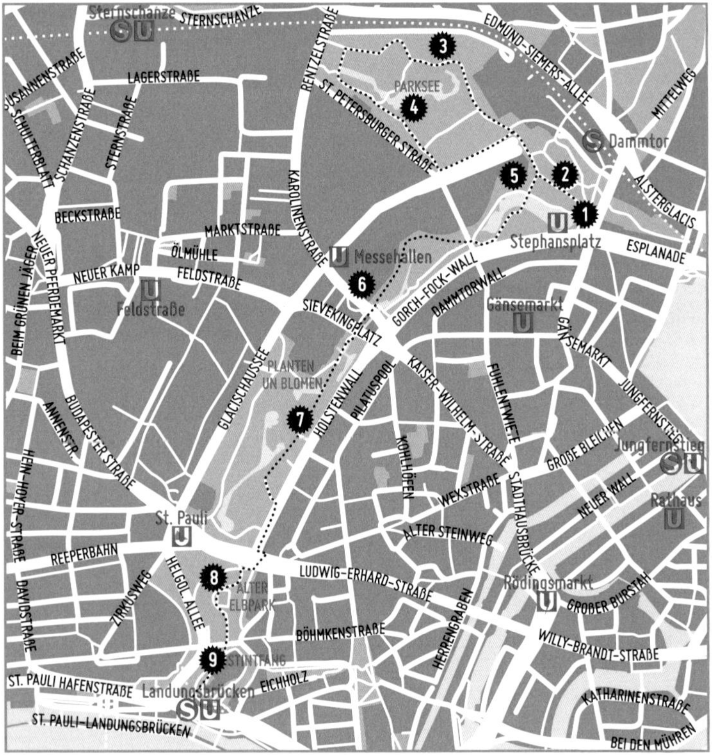

STARTPUNKT: U-Bahn-Station Stephansplatz
ENDPUNKT: U-/S-Bahn-Station Landungsbrücken
DAUER: 1,5 bis 2 Stunden

Die ausgedehnte Parkanlage »Planten un Blomen« sowie die Grünflächen im Alten Elbpark an der Helgoländer Allee begrenzen den Stadtteil St. Pauli. Über weite Strecken befinden sie sich auf dem Areal der früheren Wallanlagen bzw. dem Gelände des diesen einst vorgelagerten »Glacis«, jenem freien Schussfeld vor den Befestigungen, das den Hamburgern die Verteidigung ihrer Stadt erleichtern sollte. Da diese öffentliche Grünanlage als Naherholungsfläche für die Bewohner St. Paulis von großer Bedeutung ist und heute quasi den Übergang in die Innenstadt bildet, widmen wir ihr in diesem Stadtteil-Buch ein eigenes Kapitel, wenngleich sie nicht zum Stadtteil gehört.

Doch bevor wir uns auf einen Spaziergang durch das Stadtgrün machen, wollen wir uns kurz mit der noch recht jungen Geschichte der Hamburger Grünanlagen vertraut machen. Hamburg als »grüne« Stadt zu bezeichnen ist keine Übertreibung: Etwa neun Prozent des Stadtgebiets bestehen aus Parks und Grünanlagen. Grün in der Stadt hat dabei allerdings meist wenig mit unberührter Natur zu tun, sondern eher mit ihrer Gestaltung zur urbanen Landschaft für die dort lebenden Menschen.

Bis um 1800 verfügte Hamburg über gar keine öffentlichen Grünanlagen. Erst in jener Zeit wurden die Wallanlagen zur ersten öffentlichen Grünfläche Hamburgs umgestaltet (vgl. Station 1). Doch erst im 20. Jahrhundert setzte sich die Idee durch, dass die gesamte Bevölkerung in Anbetracht der industriell geprägten städtischen Lebensweise Zugang zu innerstädtischen Erholungsmöglichkeiten erhalten müsse. Zuvor waren Parks und Gärten vornehmlich privater Nutzung oder landwirtschaftlichen Zwecken vorbehalten gewesen. Bis ins 18. Jahrhundert fanden sich innerhalb der Stadt noch Nutz- und Lustgärten wohlhabender Bürger (Abb. 1). Mit steigender Bevölkerungszahl mussten diese jedoch der Wohn-

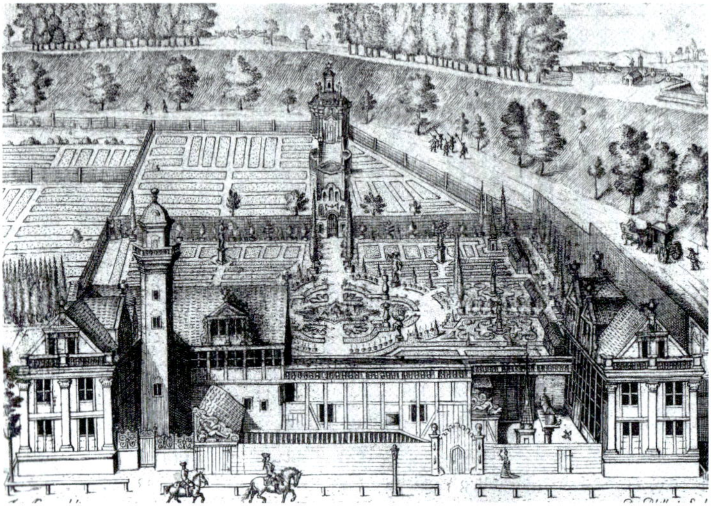

1 RENAISSANCE-GARTEN DES BÜRGERMEISTERS LÜTKENS INNERHALB DER WALLANLAGEN NAHE DEM DAMMTOR, 1716

bebauung weichen, sodass sich die bürgerlichen Gärten vor die Tore der Stadt verlagerten. Beliebte Gegenden hierfür waren im 17. und 18. Jahrhundert die Gebiete im Osten Hamburgs an der Geestkante in Hamm, Horn und Billwerder mit weitläufigem Blick über das Elbtal sowie Eppendorf und St. Georg, seit dem späten 18. Jahrhundert vor allem die westlichen Elbvororte, in denen noch heute manche Gartenlandschaft im englischen Stil erhalten ist (vgl. Blankenese & Elbvorortebuch). Die Landschaftsgärten der Romantik waren durch eine starke Idealisierung der Natur gekennzeichnet. Auf diese Weise unterschieden sie sich deutlich von ihren barocken Vorläufern und gaben der Entfaltung der Natur Raum, wenngleich in kontrollierter, geplanter Form. Die natürlichen Gegebenheiten sollten in die Garten- und Parkgestaltung einbezogen werden. Auch die Gestaltung der Wallanlagen im 19. Jahrhundert folgte diesen Prinzipien, die auf eine kalkulierte und manchmal effekthascherische Inszenierung der Natur setzten.

Anfang des 20. Jahrhunderts wurde dann die Idee des Grüns für alle allmählich umgesetzt. In öffentlichen Grünanlagen sollten die arbeitenden Menschen Raum für Erholung, Spiel und Sport erhalten und die Parks regelrecht »bewohnen«. Und so entstanden nach 1910 ausgedehnte Volksparks sowie Grünzüge in den Wohngebieten. Auch die Anlage von Kleingärten spielte unter diesen Vorzeichen eine große Rolle. Nach dem Zweiten Weltkrieg wurde das bestehende Freiraumsystem wieder aufgegriffen und weiterentwickelt, zur »Internationalen Gartenschau 2013« entstand gar ein neuer Volkspark in Wilhelmsburg (vgl. Wilhelmsburg & Elbinselbuch).

1 WALLGRABEN

Begeben wir uns nun am Eingang Ecke Stephansplatz / Gorch-Fock-Wall direkt bei der – nebenbei: empfehlenswerten – Eisbude in den Park und blicken über den Teich. Mancher wird es schon vermutet haben: Das Gewässer ist ein letzter Rest des Wassergrabens der ehemaligen Befestigungsanlagen Hamburgs.

In der Nähe unseres Standorts befand sich seit dem Bau einer Festungsanlage im frühen 17. Jahrhundert bis 1860 eines der Stadttore, das Dammtor (Abb. 2). Zwischen 1616 und 1626 waren unter der Leitung des Niederländers Johan van Valckenburgh massive Wallanlagen errichtet worden. Es handelte sich um Erdwälle mit 22

2 DAMMTOR, UM 1800

3 ESPLANADE, VOM WALLGRABEN AUS GESEHEN, 1857

überwiegend fünfeckigen Bastionen und elf dreieckigen Vorwerken, sogenannten Ravelins, sowie einem umlaufenden Wassergraben. Die Ravelins waren niedriger als die nach den Vornamen der amtierenden Ratsherren benannten Bastionen und schützten die Grabenabschnitte zwischen diesen. Mauern gab es in der Festung kaum. Der Bau der Wallanlagen war sehr teuer. Zehn Jahre lang wurde ein Viertel der städtischen Einnahmen dafür ausgegeben. Noch dazu mussten sich die Hamburger Bürger selbst mit sogenannten »Handdiensten« tatkräftig an den Bauarbeiten beteiligen. Wer dies nicht wollte oder konnte, hatte eine Ablösesumme zu bezahlen. Die Befestigung war von sehr hoher Qualität und sorgte – neben einer geschickten Neutralitätspolitik des Rates – dafür, dass Hamburg als eine der wenigen deutschen Städte im Dreißigjährigen Krieg nicht zerstört wurde. Auf den Bastionen hielten Söldner und die Bürgerwache, in der alle Hamburger Bürger ihren Dienst leisten mussten, nach Feinden Ausschau.

Doch bereits um 1800 hatte der Wall seine militärische Funktion verloren und wurde mehr und mehr zum Promenieren sowie zum Bleichen der Wäsche auf den sonnenbeschienenen Grashängen genutzt. Zwar wurde die Entfestigung der Stadt durch die napoleonische Besetzung Hamburgs von 1806 bis 1814 unterbrochen und teilweise rückgängig gemacht, doch anschließend bald wieder aufgenommen. Die Bastionen wurden abgetragen, die Wälle jedoch beibehalten und die spitzen Winkel des Stadtgrabens zu einer sich in weicheren Linien windenden Serpentine umgeformt. Unter der Leitung des Bremer Kunstgärtners Isaak Hermann Albert Altmann (1777–1837) entstand bis in die 1830er Jahre ein Landschaftsgarten im englischen Stil (Abb. 3). Hier sollte die Bevölkerung lustwandeln können und geistige Erbauung finden. Zu diesem Zweck wurden im Laufe der Zeit entlang des Wallrings kulturelle und auch wissenschaftliche Einrichtungen sowie Denkmäler errichtet. Finanziert wurde dieser erste öffentliche Park Hamburgs mit dem eingeschmolzenen Metall der Festungsgeschütze und einer Entfestigungssteuer.

Wir gehen nun ein Stück nach rechts am Teich entlang und biegen bei erster Gelegenheit wieder rechts in den leicht ansteigenden Weg ein. Am nächsten Hauptweg biegen wir links ab und folgen diesem. Rechter Hand liegt nun der Japanische Landschaftsgarten, den wir so durchstreifen können, dass wir am Ende wieder auf den Hauptweg gelangen, der dann in den westlichen Teil des Parks in Richtung Fernsehturm führt.

2 JAPANISCHER LANDSCHAFTSGARTEN UND CCH

Planten un Blomen besteht heute aus mehreren ursprünglich unabhängig voneinander entwickelten Teilen, die im Laufe der letzten gut zweihundert Jahre, wie im weiteren Verlauf der Tour deutlich werden wird, zudem einer ständigen Veränderung unterlagen. Der zentral in der Stadt gelegene Park ist die am aufwendigsten gestaltete Parkfläche Hamburgs und wurde immer wieder neu modelliert. Seit seiner Umgestaltung zu einer Grünanlage wurde das Gelände auf unterschiedliche Arten genutzt, die

4 JAPANISCHER LANDSCHAFTSGARTEN

fast alle Spuren im heutigen Park hinterlassen haben. Teile des Parks dienten als Botanischer Garten (vgl. Station 5), als Friedhof (vgl. Station 4), als Zoo (vgl. Station 3) und als dem jeweiligen Zeitgeist verpflichtete Gartenanlagen bei fünf großen Gartenausstellungen. Insbesondere Gestaltungsmerkmale der Gartenausstellungen der Jahre 1935, 1953, 1963 und 1973 prägen die Anlage bis in die Gegenwart (vgl. Stationen 3–5 und 7). Hinzu kam der Bau von Verkehrswegen und repräsentativen Bauten in und bei den Parkanlagen (vgl. Station 5–7).

Der Japanische Landschaftsgarten (Abb. 4) ist eine der jüngsten Umgestaltungen des Parks. 1988 wurde er von dem aus der Hamburger Partnerstadt Osaka stammenden bekannten japanischen Landschaftsarchitekten Yoshikuni Araki (1921–1997) entworfen und angelegt. Japanische Gärten sind bis ins Detail geplante Landschaften, die sowohl mit den örtlichen Gegebenheiten perfekt harmonieren als auch den Besucher Entdeckungen machen lassen und ihn zur Kontemplation und zur bewussten Wahrnehmung seiner Umgebung und der Welt als Ganzes anregen sollen. Die einzelnen Elemente des Gartens haben dabei tiefere symbolische Bedeutungen, die sich aus der japanischen Philosophie und Geschichte erschließen.

Wir folgen nun weiter dem Hauptweg nach Westen, passieren dabei die schmalste Stelle des Parks und gelangen in jenen Teil, der der heutigen Anlage ihren Namen gegeben hat. Auf dem Weg sehen wir rechter Hand das Congress Center Hamburg (Schramm & Pempelfort), meist abgekürzt nur »CCH« genannt, das 1973 als neuartiges Kongressgebäude eröffnet wurde und über zahlreiche Säle für Konferenzen, Konzerte und andere Veranstaltungen verfügt. In den Jahren nach seiner Eröffnung galt es als Vorbild für viele neue Kongressbauten in anderen Ländern Europas. Zum

Gebäudekomplex gehört das für die Hamburger Innenstadtverhältnisse eher ungewöhnliche Hotel-Hochhaus.

Seit einer Erweiterung 2006 verfügt das CCH nicht nur über eine Ausstellungshalle, sondern auf deren Dach auch über Europas größten Staudendachgarten. Der Neubau war sehr umstritten, da hierfür zunächst der Rosengarten hatte weichen sollen. Schließlich einigte man sich auf einen Kompromiss, der Erweiterungsbau wurde quasi unter die Erde verlegt und der Rosengarten blieb erhalten.

Unsere Tour führt uns nun weiter den Hauptweg entlang zu diesem Garten und dann zum Apothekergarten sowie den Bürgergärten.

3 ROSENGARTEN/APOTHEKERGARTEN/BÜRGERGÄRTEN/ WASSERKASKADEN

Bevor diese Gegend im 19. Jahrhundert zu einer Parklandschaft wurde, hatten sich hier der »Pesthügel«, ein Begräbnisplatz für die Opfer des 1712/13 in der Stadt wütenden »Schwarzen Todes«, die Friedhöfe dreier Innenstadtkirchen und eine Sandgrube befunden (vgl. Station 4).

5 »EULENBURG«, 1894

Bereits 1863 eröffnete auf dem Gelände der Sandgrube und des Pesthügels ein Park als zoologischer Garten. Erster Direktor dieses Zoos war Alfred Brehm (1829–1884), Verfasser des berühmten zoologischen Nachschlagewerks »Brehms Tierleben«. Dieser Zoo war ein Privatunternehmen und verfügte über einige Attraktionen wie zum Beispiel eine romantische künstliche Turmruine, die »Eulenburg« (Abb. 5), oder das erste Meerwasseraquarium des Kontinents. Die Konkurrenz von Hagenbecks modernem Tierpark in Stellingen (vgl. Eimsbüttelbuch) mit seinem Konzept der

6 KARTE ZOOLOGISCHER GARTEN, 1911

Natur nachempfundener Gehege für die ausgestellten Tiere sorgte unter anderem für das Ende dieses Zoos im Jahr 1930 (Abb. 6). Kurzzeitig wurde hier ein Vogel- und Vergnügungspark betrieben, ehe das ganze Areal für die »Niederdeutsche Gartenschau« 1935 vollständig verändert wurde. Seither heißt dieser Parkteil nach dem Namen der Gartenausstellung »Planten un Blomen«.

Die Nationalsozialisten verstanden diese Gartenschau (Abb. 8) als Prestigeprojekt und willkommene Gelegenheit zur Verbreitung völkischer Propaganda. So sollte die Ausstellung einerseits zeigen, wie man sich die private Gartengestaltung der Volksgenossen vorzustellen habe, zum anderen aber auch die ideologisch aufgeladenen Vorstellungen von deutschem Boden und deutscher Kultur anschaulich machen. Hierzu gehörte, dass für die Ausstellung ausschließlich heimische, also »deutsche« Pflanzen verwendet wurden, oder auch der Bau eines typisch norddeutschen Reetdachhauses aus Backstein für eine »Bauernschänke« sowie die Präsentation von »Musterhäusern« nationalsozialistischer Siedlungs- und Eigenheimpolitik. Eigentümlicherweise wurden auch zwei an die von den Nazis abgelehnte architektonische Moderne anknüpfende Gebäude realisiert: das »Orchideen-Café« mit einer großen Glasfront

7 KARL PLOMIN

8+9 »NIEDERDEUTSCHE GARTENSCHAU«, 1935, UND WASSERKASKADEN MIT ORCHIDEENCAFÉ

und der luftige Musikpavillon. Alle erwähnten Bauwerke sind jedoch nicht mehr erhalten.

Um die Gartenausstellung schnell zu realisieren, wurden bis zu 1800 meist erwerbslose Arbeiter zur Umgestaltung des Geländes rekrutiert. Gestaltet wurde die braune Leistungsschau von dem Gartenarchitekten Karl Plomin (1904–1986) und dem Leiter des Garten- und Friedhofsamtes Hans Meding. Für Plomin bedeutete der Auftrag nur die erste Beteiligung an der Gestaltung dieses Parks, denn sein Leben lang sollte ihn das Projekt begleiten (Abb. 7). Auch in die Planungen der drei Internationalen Gartenbauausstellungen (IGA) der Nachkriegszeit war er maßgeblich einbezogen.

Auf unserem Weg gelangen wir als nächstes zum Rosengarten. Ein solcher war bereits Teil der Ausstellung »Planten un Blomen«. Der heutige Rosengarten wurde jedoch erst 1993 geschaffen und präsentiert rund dreihundert verschiedene Rosenarten. Rosenbögen überspannen die Wege, und in der Mitte findet sich ein kleiner Pavillon, der Informationen zu Rosenpflanzen sowie ihrer Pflege bereitstellt und in dem im Sommer klassische Musik erklingt.

Nachdem wir den Rosengarten durchstreift haben, sehen wir links bereits den großen Parksee, folgen aber zunächst weiter dem Hauptweg, sodass wir am heutigen Musikpavillon vorbeikommen, der für die IGA 1953 errichtet wurde und auf dessen Bühne im Sommerhalbjahr regelmäßig Veranstaltungen stattfinden.

Mit dem Apothekergarten, der eine Besinnung auf die Heilkräfte der Natur bieten möchte, erreichen wir ein Exponat der IGA 1963, auch wenn dieses nicht mehr an seiner ursprünglichen Stelle liegt, und kommen sodann zu den Bürgergärten, einem Relikt der Gartenschau von 1935. Beherbergten sie damals die »Rosenhöfe«, so sprießen hier heute Pflanzen aus dem Mittelmeerraum. Nicht zu übersehen ist auf unserem Weg, dass im Park verteilt auch zahlreiche Kunstwerke aufgestellt sind. Sie waren zumeist Teil der IGAs.

Am Ausgang in Richtung Fernsehturm haben wir unseren Wendepunkt erreicht und schlendern nun die Wasserkaskaden entlang zurück bis zum Parksee. Die Wasserkaskaden sind das größte Überbleibsel der Ausstellung »Planten un Blomen« aus der Nazi-Zeit (Abb. 9). Sie bildeten die Hauptachse des Ausstellungsgeländes und erinnern in ihrer geometrischen Anordnung daran, dass das Gelände damals streng rechtwinklig gegliedert war.

4 PARKSEE/EHEMALIGE FRIEDHÖFE

Schon als das Areal einen zoologischen Garten beherbergte und bei der »Niederdeutschen Gartenschau« gab es hier Wasserflächen. Der Parksee ist heute eine der Hauptattraktionen von Planten un Blomen, denn er wartet mit einer Wasserlichtorgel auf. Aufbauend auf einer bereits vorhandenen Fontäne wurde diese kurz vor der IGA 1953 installiert. Seither finden hier farbig illuminierte Wasserlichtspiele statt (Abb. 10). Zu Musik vom Band setzen je-

10 WASSERLICHTSPIELE

11+12 IGA-PLAKAT 1953 UND »ETERNIT-BAUM«

weils zwei Personen nach den Vorgaben spezieller Partituren die Musik in einen großen Wasser- und Lichtreigen um. Während eine Person das Lichtklavier bedient, das mehr als 750 Scheinwerfer ansteuern kann, betätigt die zweite Person die Regler der durch die Scheinwerfer illuminierten Wasserfontänen, die aus 99 Düsen sprühen. Zu den IGAs 1963 und 1973 wurde die Wasserlichtorgel erweitert und in ihre jetzige Form gebracht. Auch wenn diese besondere Kunstform heute wie ein Kuriosum aus einer vergangenen Zeit anmutet, zeugen jährlich rund 300000 Besucher von der ungebrochenen Attraktivität des Spektakels.

Die IGA 53 hat noch einige weitere Spuren im Park hinterlassen. So wurde beispielsweise auch das Café »Seeterrassen« nach einem Entwurf des bekannten Architekten Ferdinand Streb (1907–1970) für die Ausstellung gebaut. Wiederum unter der Leitung von Karl Plomin setzte die IGA 53 vor allem auf geschwungene Formen, die Leichtigkeit und Transparenz ausstrahlen sollten. Fünfzehn Nationen nahmen an der Gartenschau teil, wobei die Fläche nicht nach Ländern, sondern nach Pflanzenarten aufgeteilt wurde (Abb. 11). Die einzelnen Länder konnten sich jedoch in einer »Halle der Nationen« mit repräsentativen botanischen Leistungsschauen präsentieren. Die Beteiligung von ostzonalen Gärtnern aus dem Raum Leipzig/Dresden wurde abgesagt, weil der IGA-Ausschuss mit der Bezeichnung »Deutsche Demokratische Republik – Sächsische Moorbeetkultur« nicht einverstanden war. Leider nicht mehr erhalten sind der »Philipsturm«, ein 36 Meter hoher gläserner Aussichtsturm, der in verschiedenen Farben beleuchtet werden konnte (er wurde 1971 abgebaut), und der »Eternit-Baum«, ein hohes dreibeiniges Gestell, an dem Blumenkübel aus dem mittlerweile verbotenen, asbesthaltigen Zement-Baustoff hingen (Abb. 12). Neben dem Eternit-Baum gab es auch ein »Eternit-Selbstbedienungsrestaurant« (Architekt Fritz Trautwein), das heutige Café Schöne Aussichten (vgl. Station 5).

Wir spazieren nun den südlichsten Weg zur Rechten oberhalb des Parksees weiter, sodass wir etwas versteckt im Gebüsch zu einem sarkophagähnlichen Gedenkstein ganz am Rande der Parkanlage gelangen (Abb. 13). Dabei handelt es sich um ein Denkmal für die wenig begüterten Hamburger, die während der französischen Besatzung aus Hamburg vertrieben wurden. Weihnachten 1813 wurden all jene Menschen von den Franzosen aus der Stadt geschickt, denen es nicht möglich war, sich für sechs Monate mit Nahrungsvorräten und Brennmaterial zu versorgen. Mehrere Tausend Flüchtlinge fanden im benachbarten Altona Aufnahme. Obwohl die Altonaer sich sehr um die Flüchtlinge bemühten, kamen 1138 von ihnen im anschließenden Winter durch die Folgen von Ent-

13 DENKMAL FÜR DIE VERTRIEBENEN HAMBURGER, 1813

14+15 »BULLERBERGE« UND JAPANISCHES TEEHAUS

kräftung und Krankheit um. Schon 1815 wurde das Denkmal auf ihrem Begräbnisplatz in Ottensen aufgestellt. Ein Denkmal für Arme war damals eine absolute Besonderheit. 1841 wurde es dann zu den Friedhöfen auf dem heutigen Park- und Messegelände versetzt.

Ein Friedhof war in diesem Gebiet, wie bereits erwähnt, erstmals mit dem Pestfriedhof 1713 angelegt worden. Seit dem Ende des 18. Jahrhunderts folgten hier und auf dem späteren Messegelände weitere Kirchhöfe der Innenstadtkirchen (mit Ausnahme St. Jacobis). Auch die St. Pauli-Kirche sowie Reformierte und Katholiken erhielten hier Bestattungsplätze. Nachdem 1877 der neue Friedhof in Ohlsdorf eröffnet wurde, wurden die Friedhöfe schrittweise geschlossen und bis in die 1930er Jahre abgeräumt. Durch den Zaun lässt sich auf der anderen Straßenseite noch ein architektonisches Kleinod entdecken: die klassizistische Friedhofskapelle der St. Petri-Kirche, die 1802 von Johann August Arens (1757–1806) entworfen und 1925 um die südliche Säulenhalle ergänzt wurde. Heute fristet sie ein vergessenes Dasein neben einer Einfahrt zum Messegelände, das seinerseits zur IGA 1953 entwickelt wurde.

Wir gehen nun weiter nach Südosten. Hinter dem Kinderspielplatz mit den charakteristischen bunten Kunststoffhügeln, nach ihrem Erfinder, dem Bildhauer Wido Buller, auch »Bullerberge« genannt (Abb. 14), biegen wir nach links in den »Messegang«, einen überdachten Fußweg zwischen

Messe und CCH, und passieren den zweiten Japanischen Landschaftsgarten. Er wurde 1990 ebenfalls von Yoshikuni Araki entworfen und umfasst unter anderem einen kleinen See samt Teehaus, in dem man an japanischen Teezeremonien teilnehmen kann (Abb. 15).

Am Ende des Messegangs biegen wir rechts ab und halten uns dann bald wieder rechts, bis wir bei den Schaugewächshäusern zu den Mittelmeerterrassen gelangen. Wir befinden uns hier in jenem Teil des Parks, wo sich ab 1821 der erste Botanische Garten befand und wo heute vor allem Spuren der IGA von 1963 zu sehen sind.

5 EHEMALIGER BOTANISCHER GARTEN/SCHAUGEWÄCHSHÄUSER/MITTELMEERTERRASSEN

Als Teil der Umgestaltung der Wallanlagen nach der Franzosenzeit wurde in diesem Gebiet bereits 1821 ein Botanischer Garten eröffnet, der durch die private Initiative des Professors für Physik und Naturgeschichte am Akademischen Gymnasium, Johann Georg Christian Lehmann (1792–1860), angelegt werden konnte. Er sollte zunächst wissenschaftlichen Zwecken dienen, wurde aber alsbald zu einem beliebten Naherholungsort der Hamburger. Ein Ziel der Wissenschaft war es, hier vor allem exotische, nicht-heimische Pflanzen zu züchten. Mitte des 19. Jahrhunderts gehörten dazu beispielsweise zahlreiche Orchideenarten, als ein regelrechtes »Orchideenfieber« die Sammelleidenschaft zahlreicher wohlhabender Bürger entfacht hatte. In einer Bekanntmachung für die Besucher des Botanischen Gartens hieß es 1866, dass »Kinderwärterinnen, Ammen und Personen mit großen Körben und dergleichen [...] der Zutritt zum Garten nicht gestattet« sei – wohl aus Sorge, es könnten sonst wertvolle Pflanzen heimlich stibitzt und herausgeschmuggelt werden. Auch das »Abpflücken von Blumen, Früchten und dergleichen, das Sitzen auf den Rasenplätzen und Rasenabhängen sowie das Mitbringen von Kinderwagen und Hunden« waren verboten. Ebenso der Tabakgenuss. Bis 1979 existierte der Botanische Garten auf dem Gelände, ehe er aufgrund

16+17 IGA 63: FRANZÖSISCHER PAVILLON/GEWÄCHSHAUS UND MITTELMEERTERRASSEN

des größeren Platzbedarfs in Klein Flottbek neu angelegt wurde (vgl. Blankenese- und Elbvorortebuch). Zu jener Zeit hatten bereits zwei weitere IGAs die hiesige Umgebung einschneidend verändert, an dieser Stelle vor allem die IGA 1963 (Abb. 16+17). Sowohl die Schaugewächshäuser als auch die Mittelmeerterrassen und die sich anschließende Brückenquerung über den früheren Wallgraben gehen auf Entwürfe der Architekten Gerhart Becker und Bernhard Hermkes zurück. Von Hermkes (1903–1995) stammen in Hamburg auch die wellenförmigen Großmarkthallen, das Audimax der Universität sowie die Kennedy-Brücke. Auch den Philipsturm der IGA 53 hatte er entworfen. Erstmals wurden 1963 auch die Wallanlagen in die Gartenbauausstellung einbezogen. Im Gegensatz zur geschwungenen Leichtigkeit der Ausstellung zehn Jahre zuvor dominierten dieses Mal eher klare geometrische Formen. Die Hauptverantwortung für die Planung und Gestaltung hatte die gartenarchitektonische Arbeitsgemeinschaft Plomin–Schulze–Raderschall und somit erneut, wie schon 1935 und 1953, Karl Plomin.

Eines der Hauptziele der IGA 63 war die Schaffung eines autofreien Grünzugs von der Elbe bis zur Asterquelle. Zumindest vom Millerntor bis zu den Brücken, die Binnen- und Außenalster trennen, ist dies bis heute Realität. Mehr als dreißig Nationen nahmen an der IGA 63 teil, in deren Fokus Hausgärten und Liliengewächse standen.

18 SEILBAHN IGA 1963

Neu an der IGA 63 war nicht zuletzt, dass Freizeitaspekte stärker in den Vordergrund rückten als wissenschaftlich-pädagogische Fragestellungen. Ausdruck dieser neuen Orientierung, die gesellschaftlichen Veränderungen Rechnung trug, war etwa ein amerikanischer Party-Garten mit Barbecue oder die Anlage einer Kleinbahn im alten Planten un Blomen-Teil (vgl. Station 7) sowie die Realisierung einer Seilbahn zwischen Dammtor und Millerntor auf einer Strecke von anderthalb Kilometern Länge (Abb. 18). In zweisitzigen Gondeln konnten die Besucher das Ausstellungsgelände auf einer neunminütigen Fahrt von oben betrachten. Die Seilbahn wurde nach der IGA demontiert.

Da die IGA nur zwei Jahre nach dem Mauerbau stattfand, war sie zugleich eine Werbeveranstaltung für Hamburg insgesamt, das durch die sich immer stärker festigende deutsche Teilung in eine Randlage geraten war. Großes Pech war es für die Veranstalter, dass Hamburg in jenem Jahr einen besonders harten Winter erlebte, sodass selbst Anfang Mai noch kaum Blüten auf dem IGA-Gelände zu sehen waren. Angesichts der kalten Witterung war es vielleicht nicht unpraktisch, dass für die Damenwelt am Haupteingang Stephansplatz Schließfächer zur Verfügung standen, in die man die edlen Schuhe einschließen konnte, um für den Ausstellungsspaziergang in derberes Schuhwerk zu schlüpfen.

Wir steigen nun die Treppen hinunter, gehen über die Brücke auf die andere Seite des Stadtgrabens und folgen dann dem Weg nach rechts. Dabei passieren wir linker Hand das Café Schöne Aussichten, das sich an der Stelle der ehemaligen Bastion »Rudolphus« befindet. Wir setzen unseren Weg durch den »Quellengrund«, ebenfalls ein Überbleibsel der IGA 1963, fort und gehen durch die Straßenunterführung. Anschließend halten wir uns rechts, bis wir zu den Mauern des Hamburger Untersuchungsgefängnisses gelangen.

6 UNTERSUCHUNGSGEFÄNGNIS/GERICHTSFORUM

An dieser Stelle bilden die bewachten Mauern des Untersuchungsgefängnisses, ein zwischen 1927 und 1929 von Fritz Schumacher errichtetes massives Klinkergebäude, die Grenze der Parkanlagen. Einige Plaketten an der Wand erinnern an die Opfer der nationalsozialistischen Justiz und damit daran, dass auch dies ein Ort war, an dem sich das Unrechtsregime manifestierte. Die Hamburger Justiz wurde nach der Machtübernahme der Nationalsozialisten 1933 im Großen und Ganzen recht schnell auf NS-Linie gebracht. Jüdische und politisch unerwünschte Richter wurden entlassen, unwillkommenes Personal suspendiert oder versetzt. Bereits im April 1933 trat erstmals ein »Sondergericht« zusammen. Sondergerichte dienten der schnellen Verurteilung politischer Gegner und zeichneten sich durch stark eingeschränkte Verfahrensregeln aus. So waren die Rechte der Verteidigung begrenzt und Berufungs- oder Revisionsverfahren unmöglich. Im Zweiten Weltkrieg wurden sie zur Regelinstanz des Strafrechts. Während des Kriegs wurden im Untersuchungsgefängnis 449 Todesurteile per Guillotine vollstreckt. Die Hamburger Justiz versuchte mit harten Urteilen, abschreckende Wirkung zu erzielen. So wurden zum Beispiel Todesurteile für das Hören ausländischer Sender, den Besitz und die Verbreitung abgeworfener Flugblätter sowie für Diebstahl verfügt.

19 »HIER + JETZT« – DENKMAL FÜR DIE OPFER DER NS-JUSTIZ

Wenn wir nun unter der nächsten Brücke auf Höhe des Johannes-Brahms-Platzes hindurch weitergehen und dann gleich hinter der Unterführung die kleine Anhöhe hinauf, gelangen

6

20 »TRANSRAPID 05«, 1979

wir nicht nur zu den obersten Hamburger Gerichten, sondern auch zu einem sehr gelungenen Denkmal für die Justizopfer der Nazi-Zeit, das sich gut in die Parkanlage einfügt.

1997 wurde hier vor dem Oberlandesgericht von der deutsch-französischen Künstlerin Gloria Friedmann im Auftrag der Hamburger Justiz- und Kulturbehörde ein Mahnmal mit dem Namen »›Hier + Jetzt‹ – den Opfern nationalsozialistischer Justiz in Hamburg« realisiert (Abb. 19). Es besteht aus einem grauen Betonquader mit der Inschrift »1933«, einer zeitgenössischen Großaufnahme Hamburgs sowie neunzig Eisenstelen, auf denen in Töpfen verschiedene Pflanzen wachsen, die verschiedene Kulturen, Religionen, soziale Milieus und Nationen symbolisieren sollen. In den Worten Friedmanns:

> »Die Pflanzen sind Symbolträger der Biodiversität. Sie stehen für die verschiedenen sozialen Schichten und Herkunftsgebiete der Hamburger Bevölkerung. Dieser Entwurf für eine Welt der Verschiedenheiten mit gleichem Pflegeanspruch gilt zugleich als Metapher für gleichen Rechtsanspruch. ›Hier + Jetzt‹ soll [...] eine Gedenkstätte werden, die sich an das wache Bewußtsein wendet. Ich will versuchen, das Wissen von den Geschehnissen zwischen 1933 und 1945 lebendig zu erhalten, damit es die Justiz jederzeit an ihre Verantwortung gegenüber dem Leben erinnert. Schließlich dienen dieselben Gebäude, in denen einst ›Unrecht‹ gesprochen wurde, heute den Rechtsansprüchen der Hamburger Bevölkerung.«

Die Gerichte – Ziviljustizgebäude, Hanseatisches Oberlandesgericht und Strafjustizgebäude – gehören zu jenen repräsentativen Gebäuden, die seit dem 19. Jahrhundert nach und nach auf bzw. neben den Wallanlagen errichtet wurden. Dabei handelte es sich vor allem um Gebäude, deren Nutzungen einen besonderen Zweck für die geistige und moralische Erziehung besitzen. Neben den Gerichten sind heute von ihnen vor allem noch einige Museen erhalten.

Bevor wir wieder in die Wallanlagen zurückgehen, sei noch über ein kurioses, heute vielfach in Vergessenheit geratenes Kapitel der Hamburger Verkehrsgeschichte berichtet: Direkt neben den Wallanlagen befand sich zur Internationalen Verkehrsausstellung 1979 die aufgeständerte Teststrecke einer »Transrapid«-Magnetschwebebahn (Abb. 20). Für wenige Wochen konnte dieses neue Verkehrsmittel mit einer Fahrt auf der nicht einmal einen Kilometer langen Strecke zwischen Messehallen und Heiligengeistfeld von der Öffentlichkeit getestet werden. Der hier mit rasend schnellen fünfzig Stundenkilometern hin und her pendelnde »Transrapid 05« wurde so zur ersten für den Personenverkehr zugelassenen Magnetschwebebahn der Welt. Die Teststrecke wurde nach dem Ende der Ausstellung abgebaut und ein kürzeres Stück auf dem Werksgelände des Herstellers wiedererrichtet. Heute steht der Transrapid 05 im Technikmuseum in Kassel.

Gehen wir nun zurück in die Wallanlagen und weiter nach rechts in südlicher Richtung. Wer mag, kann vorher aber auch Kaiser Wilhelm I. noch einen kurzen Besuch abstatten, der an der Ecke Sievekingplatz / Gorch-Fock-Wall hoch zu Ross aus den Wallanlagen blickt. Das Kaiser-Wilhelm-Denkmal von Johannes Schilling (1828–1910) wurde ursprünglich 1903 auf dem Rathausmarkt aufgestellt. Ende der 1920er Jahre wurde das Reiterstandbild vorgeblich aus verkehrstechnischen Gründen hierher versetzt. Nur die dazugehörigen Fahnenmasten blieben bis heute vor dem Rathaus stehen. Interessant sind auch die den Kaiser umstehenden allegorischen Figuren, die einige Errungenschaften des Deutschen Reiches darstellen: die Sozialgesetzgebung, das reichsweite Währungssystem, die einheitliche Rechtsordnung und – ganz modern mit Telefon – das Post- und Fernmeldewesen (Abb. 21).

7 EISBAHN/MUSEUM FÜR HAMBURGISCHE GESCHICHTE

Wir folgen nun dem Hauptweg durch die Wallanlagen weiter, bis wir die Rollschuh- und Kunsteisbahn erreichen.

Die Eisbahn – immerhin eine der größten Freiluft-Kunsteisbahnen der Welt – ist ein Überbleibsel der IGA 1973 (Abb. 22). Die Malereien an der Eisbahn stammen von Werner Nöfer (*1937), der in Hamburg beispielsweise auch die Wand über dem Eingang des Abaton-Kinos oder die Fassade des Gruenspan in der Großen Freiheit mitgestaltet hat. Ein weiteres Mal wurde hier der Park für eine IGA massiv umgekrempelt. Mehr noch als zehn Jahre zuvor wurde nun der Freizeitaspekt bei der Gestaltung in den Vordergrund gestellt. Neben der Eisbahn entstanden ein Kinder- und Wasserspielplatz, ein Modellbootteich, Raum für Erwachsenenspiele (Kegeln, Boccia, Schach) sowie Spiel- und Liegewiesen (Abb. 23–25). Breite Asphaltwege und stumpfe Winkel kennzeichneten die Gestaltung, die in den Händen dreier süddeutscher Planer lag (Heinz Becsei, Tübingen, Dietrich Brunken und Hans Stieglitz, beide Stuttgart). Beratend war noch einmal Karl Plomin aktiv. Aus »Planten un Blomen« wurde im Volksmund schnell »Platten und Beton«. Die Spuren der IGA 73 wurden seit Mitte der 1980er Jahre aber zum Teil rückgestaltet, da man sie auch auf Seiten der

21 + 22 ALLEGORIE »WELTVERKEHR« / ROLLSCHUH- UND EISBAHN

23–25 IGA 1973 UND PLAKATE ZUR IGA 1973

Stadt als unwirtlich und betonlastig empfand. So wurden beispielsweise der Asphaltbelag einiger Wege durch Sand ersetzt, ein neuer Kinderspielplatz eingerichtet sowie neue Gärten gestaltet (Japanische Gärten, Rosengarten, vgl. oben). Auch die strenge Geometrie der 1960er und 1970er Jahre wurde weitgehend wieder aufgelöst zugunsten einer naturnäheren, die landschaftlichen Aspekte betonenden Anlage. Erst seit 1986 heißt der ganze Park nun »Planten un Blomen«.

Auch eine Hauptattraktion der IGA 73, die Schmalspurbahn (Abb. 26), musste leider wieder verschwinden. Oberhalb der Eisbahn beim Ausgang zum Holstenwall lassen sich noch ein paar Schienenreste entdecken. Bereits zur IGA 53 hatte es ein kleines Gleis-Oval für eine Kleinbahn rund um den Kinderspielplatz an der Tiergartenstraße, etwas westlich des heutigen CCHs, gegeben, das aber wieder abgebaut wurde. Im Rahmen der IGA 63 wurde dann neben der Seilbahn

26 KLEINBAHN IGA 1973

27 GARTENBAUAUSSTELLUNG 1897

im alten Planten un Blomen auch eine etwa anderthalb Kilometer lange Strecke für eine Schmalspurbahn eingerichtet, die dort mit zwölf Kilometern pro Stunde bzw. an Bahnübergängen sogar nur mit fünf km/h ihre Runden drehte. Die Schienengefährte stießen allerdings nicht nur auf Gegenliebe. Einige Besucher des Parks meinten, die Bahn könne die Erholung und Erbauung der Großstadtmenschen stören. Die Züge wurden mit luftgekühlten Porsche-Benzinmotoren und spezieller Abgasentgiftung betrieben. Je über eine halbe Million Fahrgäste zeugen vom Erfolg der Bahnen beim Publikum. Anders als die Seilbahn wurde die Schmalspurbahn nach der IGA weiterbetrieben und ihre Strecke zur IGA 73 beträchtlich erweitert. Auf 5,5 Kilometern Länge ging es nun durch das ganze Ausstellungsgelände. 1973 fuhren 1,6 Millionen Menschen mit der Bahn. Während nach der IGA 73 ab 1974 kein Eintritt mehr für den Park zu entrichten war, blieb für die Fahrt mit der Kleinbahn bis 1982 ein Fahrgeld fällig. Dann wurde der Betrieb mangels Fahrgästen eingestellt und fast alle Gleise in den Folgejahren entfernt.

Weiter geht es nun am Teehaus von 1963, in dem sich heute ein Seniorentreff befindet, vorbei zum Museum für Hamburgische Geschichte.

Auch dieses Museum, das in einem zwischen 1914 und 1923 errichteten Gebäude Fritz Schumachers beheimatet ist, steht an der Stelle einer ehemaligen Bastion, an der sich seit 1824/25 die Hamburger Sternwarte und wenig später für fünfzig Jahre auch die Navigationsschule befunden hatten.

Bereits im 19. Jahrhundert wurde das Gelände der Wallanlagen zwischen Millerntor und Holstentor für große temporäre Ausstellungen genutzt: 1889 fand hier eine Gewerbe- und Industrieausstellung Hamburger Unternehmen (Abb. 28) und 1897 eine Allgemeine Gartenbauausstellung (Abb. 27) statt.

Wir verlassen die Wallanlagen beim Museum für Hamburgische Geschichte, gehen den Holstenwall nach rechts und überqueren den Millerntordamm – leider hatte man es auch bei der IGA 1973 versäumt, diese Verkehrsschneise zu untertunneln. Geradeaus geht es in die nächste Grünanlage, den Alten Elbpark. Von hier aus gelangen wir rechts auf die Anhöhe zum Bismarck-Denkmal. Wer jedoch gleich noch einen kompletten Rundgang anschließen möchte, kann auch direkt zum Startpunkt der ersten Tour bei der U-Bahn-Station St. Pauli abbiegen.

8 BISMARCK-DENKMAL/ALTER ELBPARK

Der Alte Elbpark unterhalb des Bismarck-Denkmals gibt uns noch heute einen gewissen Eindruck von der massiven Bauweise der Alten Wallanlagen. Hier blicken wir von einer der ehemaligen Bastionen den früheren Wall hinunter. Nach der endgültigen Entfestigung der Stadt im Anschluss an die französische Besatzung 1813/14 wurde dieser Bereich der Wallanlagen in einen englischen Landschafts- und Blumengarten umgestaltet und die alten Bastionen »Casparus« und »Albertus« zu reizvollen Aussichtspunkten umgenutzt (Abb. 30). Im September 1869 wurde im heutigen Alten Elbpark die erste Internationale Gartenbauausstellung in Deutschland durchgeführt. Elf Nationen nahmen daran teil und kämpften zum Beispiel um den Preis für den besten Spargel in Konservendosen oder diskutierten über die Bepflanzung der Eisenbahndämme mit Zwergobst.

28 HAUPTGEBÄUDE DER GEWERBEAUSSTELLUNG 1889, RECHTS DAS HEILGENGEISTFELD

Das gewaltige Bismarck-Denkmal aus Schwarzwälder Granit wurde zwischen 1903 und 1906 von dem Architekten Emil Schaudt (1871–1957) und dem Bildhauer Hugo Lederer (1871–1940) gestaltet. Der »eiserne Kanzler« wird hier als mittelalterlicher Roland stilisiert. Er wirft seinen Blick über die Elbe und stellt Hamburg und dessen Seefahrt und Handel damit symbolisch unter den Schutz des Reiches. Die Figuren rund um den Sockel stehen für die verschiedenen deutschen Stämme. Bismarck-Kult, Nationalismus und imperialer Anspruch gehen so eine monumentale Symbiose ein.

29 PLAN VOM STINTFANG UND UMGEBUNG

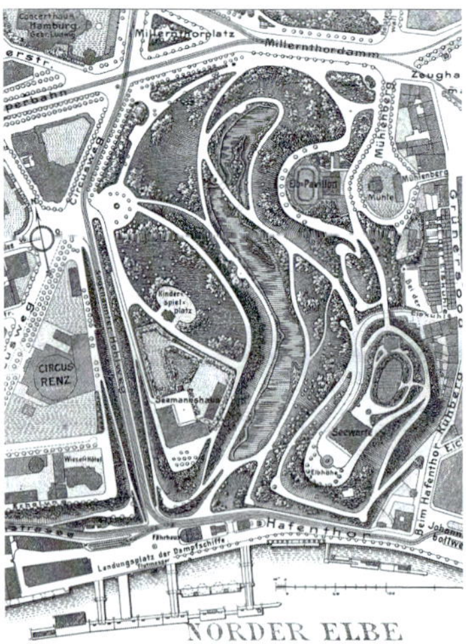

Unser letztes Stück Weg führt uns nun über die Seewartenstraße rechts an der Jugendherberge vorbei zu einer Aussichtsplattform mit wunderbarem Blick über den Hamburger Hafen.

30+31 ELBPAVILLON AUF DER BASTION CASPARUS, UM 1890, UND JUGENDHERBERGE »AUF DEM STINTFANG«, 1953

9 STINTFANG

Hier, auf der ehemaligen Bastion »Albertus«, wurde 1881 die Deutsche Seewarte eingerichtet, die dann im Zweiten Weltkrieg zerstört wurde. Seit den 1950er Jahren befindet sich hier die Jugendherberge »Auf dem Stintfang« (Abb. 31). Sie gehört zu den am besten ausgelasteten Jugendherbergen Deutschlands, was vor allem an ihrer hervorragenden, zentralen Lage (Abb. 29), seit einer umfassenden Renovierung vor ein paar Jahren jedoch auch an ihrer sehr guten Ausstattung liegt. Der Name »Stintfang« rührt daher, dass sich im Wallgraben unterhalb der Bastion offenbar sehr viele Exemplare dieser kleinen schmackhaften Lachsart tummelten.

An dieser Stelle haben wir das südwestliche Ende der früheren Wallanlagen erreicht. Unterhalb des Stintfangs machten bis ins 20.Jahrhundert hinein die Schiffe aus aller Welt fest und sorgten für einen steten Besucherfluss in die Kneipen und Etablissements St. Paulis.

Die Treppen hinunter gelangen wir zur U-/S-Bahn-Station Landungsbrücken, von wo aus wir gut den Heimweg antreten können – oder wir machen uns gleich auf zu einem weiteren Rundgang, denn hier startet die Tour 3.

Neben den interessanten Orten im Park sind in dieser Liste auch ein paar Adressen in unmittelbarer Nähe aufgeführt.

Ausführliche Informationen zum Park, aktuellen Veranstaltungen und auch ein Lageplan finden sich unter: www.plantenunblomen.hamburg.de

BARS / KNEIPEN / NACHTLEBEN

Gestern + Heute
Kaiser-Wilhelm-Straße 55
→ *rustikal mit deutscher Küche – rund um die Uhr!*

Sands Bar
Dammtordamm 2
www.sands-bar.de
→ *Cocktailbar zwischen Cinemaxx-Kino und Planten un Blomen*

CAFÉS / RESTAURANTS

Café Johanna
Venusberg 26
www.cafejohanna.de
→ *kleines Café mit Mittagstisch am Venusberg oberhalb der Touristenströme*

Café Schöne Aussichten
www.schoeneaussichten.com
Gorch-Fock-Wall 4
→ *Café und After-Work-Club auf einer der ehemaligen Bastionen*

Café Seeterrassen
St. Petersburger Str. 22
www.seeterrassen.de
→ *Café direkt am Parksee und Ü30-Party-Location*

Eis Livotto
→ *drei Eiskioske im Park, z.B. an der Ecke Stephansplatz*

Fees
Holstenwall 24
www.fees-hamburg.de
→ *Restaurant und Bar im Museum für Hamburgische Geschichte mit großem, von Glas überwölbtem Hofbereich*

endlich Salon
Dragonerstall 11
www.cafe-endlich.de
→ *Lesungen, Gesprächskreise und Ausstellungen nur für Frauen*

Japanisches Teehaus
www.plantenunblomen.hamburg.de/teehaus-np
→ *traditionelle japanische Teezeremonien im Teehaus in Planten un Blomen*

Park Café Hamburg
Holstenwall 30
www.parkcafehamburg.de
→ *Café und Bar nahe der Eisbahn*

Restaurant Rosenhof
Tiergartenstraße 2
www.restaurant-rosenhof.com
→ *einfaches Gartenlokal mit Snacks, Kuchen und Kaffee (nur April–Oktober)*

Riad's
Johannes-Brahms-Platz 7
www.riads.de
→ *feine libanesische Küche*

LÄDEN

Antiquariat Schaper
Dammtordamm 4
www.antiquariat-schaper.de
→ *antiquarische Bücher im Pavillon an der U-Bahn-Station Stephansplatz*

Museumsshop im Museum für Hamburgische Geschichte
Holstenwall 24
www.hamburgmuseum.de
→ *kleiner Hamburg-Buchshop ohne Junius-Bücher!*

HOTELS

DJH Stintfang
Alfred-Wegener-Weg 5
www.jugendherberge.de/Jugendherbergen/Hamburg
→ *eine der – zu Recht – beliebtesten Jugendherbergen Deutschlands*

Frauenhotel Hanseatin
Dragonerstall 11
www.hotel-hanseatin.de
→ *kleines Hotel exklusiv für Frauen*

Hotel am Holstenwall
Holstenwall 19
www.hotel-hamburg-holstenwall.de
→ *schnörkelloses Mittelklassehotel*

Hotel Hafentor
Hafentor 3
www.hafentor.de
→ *kleines, schlichtes Hotel bei den Landungsbrücken*

Motel One Michel
Ludwig-Erhard-Straße 26
www.motel-one.com/de/hotels/hamburg/hotel-hamburg-am-michel
→ *selbsternanntes Low-Budget-Design-Hotel*

Radisson Blu
Marseiller Straße 2
www.radissonblu.de/hotel-hamburg
→ *schick übernachten im Hochhaus am Dammtor-Bahnhof*

Scandic
Dammtorwall 19
www.scandichotels.de/Hotelsuche/Deutschland/Hamburg
→ *modernes Hotel der gehobenen Kategorie*

Side
Drehbahn 49
www.side-hamburg.de
→ *5-Sterne-Design-Hotel*

FREIZEIT / SPORT

→ *Veranstaltungen in Planten un Blomen sind aktuell zu finden unter: www.plantenunblomen.hamburg.de/veranstaltungskalender*

Indoo Eisarena
Holstenwall 30
www.eisarena-hamburg.de
→ *Schlittschuhlaufen auf Deutschlands größter Kunsteisbahn von November bis März; im Sommer Rollschuhbahn*

Minigolf, Trampolin & Tischtennis
→ *Diese Sportmöglichkeiten finden sich in der Nähe der Eisbahn (geöffnet März–September).*

Töpferstube
→ *Töpfern für Kinder direkt neben der Minigolfbahn*

Wasserlichtspiele
→ *täglich zwischen April und Oktober am großen Parksee, Infos unter: www.plantenunblomen.hamburg.de/termine/3194900/wasserlichtspiele.html*

KULTUR

Brahms-Museum
Peterstraße 39
www.brahms-hamburg.de/de/museum.html
→ *Gedenkstätte für einen der berühmtesten Söhne der Stadt*

Commedia Theater
Jungiusstraße 6
www.commedia-theater-hamburg.de
→ *kleines Unterhaltungstheater*

Das Klingende Museum
Dammtorwall 46
www.klingendes-museum.de
→ *Musikinstrumente zum Ausprobieren für Kinder*

Fliegende Bauten
Glacischaussee 4
www.fliegende-bauten.de
→ *wechselnde Theater-, Artistik- und Musik-Gastspiele im Zelttheater*

Hamburgische Staatsoper
www.hamburgische-staatsoper.de
Dammtorstraße 28
→ *Oper, Ballett, philharmonische Konzerte*

Kellertheater
Johannes-Brahms-Platz 1
www.kellertheater.de
→ *kleines, von einem Verein betriebenes Theater*

Laeiszhalle
Johannes-Brahms-Platz
www.elbphilharmonie.de/laeiszhalle.de
➜ *seit über hundert Jahren die Hamburger Konzerthalle, insbesondere für Klassisches*

Metropolis Kino
Kleine Theaterstraße 10
www.metropoliskino.de
➜ *feines Programmkino*

Museum für Hamburgische Geschichte
Holstenwall 24
www.hamburgmuseum.de
➜ *fast alles über die Geschichte der Elbmetropole*

Schaugewächshäuser
www.biologie.uni-hamburg.de/bzf/garten/schaugew.htm
➜ *zur IGA 63 erbaute Gewächshäuser für nicht-heimische Pflanzen*

SOZIALES / NON-PROFIT

Landeszentrale für politische Bildung
Dammtorwall 1
www.hamburg.de/politische-bildung
➜ *umfangreiches Angebot an Büchern und anderen Medien zur politischen Bildung*

➜ Die Poolstraße und die Straße Kohlhöfen hinter dem Brahms Kontor am Johannes-Brahms-Platz sind einen Abstecher wert. Neben traditionellem Handwerk wie der Maßschusterei Klemann (Poolstraße 9) und der Goldschmiede Bergmann (Pilatuspool 1) hat sich hier in den letzten Jahren eine interessante Mischung aus kleinen Läden, Galerien und Designwerkstätten etabliert: u.a. Anna Wand (Tapetendesign, Kohlhöfen 18), Go Banana (Modeboutique, Poolstraße 20), Feinkunst Krüger (Kunstgalerie, Kohlhöfen 8), Frida Kolorida (mexikanisches Handwerk, Schmuck und Geschenke, Kohlhöfen 9), Gudberg (Grafikdesign und hochwertige Druckerzeugnisse, Poolstraße 8), nordprodukt (Designlabel mit Ladenverkauf, Kohlhöfen 27), Pure Soul (Gebrauchtplatten, vor allem Soul, Kohlhöfen 17), schöne schreibwaren (Papier & Schreibgerät, Poolstraße 32). Außerdem gibt es hier jede Menge neue Gastronomie: Bootshaus (maritimes Bistro, Thielbek 3), eiskantine (Kohlhöfen 10), Feld's (Poolstraße 34), marblau (Brasserie, Poolstraße 21), Hey Papa (Poolstraße 32).

Literatur zu St. Pauli und zur Schanze

- Lars Amenda: Fremde – Hafen – Stadt. Chinesische Migration und ihre Wahrnehmung in Hamburg 1897–1972, Hamburg 2006.
- Marilen Andrist: Das St. Pauli-Theater. 150 Jahre Volkstheater am Spielbudenplatz, Hamburg 1991.
- Michele Avantario / Christoph Twickel: Läden, Schuppen, Kaschemmen. Eine Hamburger Popkulturgeschichte, Hamburg 2003.
- Ariane Barth: Die Reeperbahn. Der Kampf um Hamburgs sündige Meile, Hamburg 1999.
- Otto Bender: Swing unterm Hakenkreuz in Hamburg 1933–1943, Hamburg 1993.
- Irene Bude / Olaf Sobczak: Empire St. Pauli. Von Perlenketten und Platzverweisen. Dokumentarfilm, Hamburg 2009.
- Alan Clayson: Hamburg. The Cradle of British Rock, London 1997.
- Herbert Dombrowski: Das Herz von St. Pauli. Fotografien 1956. Mit einem Text von Wilhelm Bartels, Hamburg 1997.
- Hans-Günther Freitag / Hans-Werner Engels: Altona. Hamburgs schöne Schwester. Geschichte und Geschichten, Hamburg 1991.
- Fünfzig Jahre »Zum Silbersack«. Die Geschichte einer Kneipe auf St. Pauli. Erzählt von Erna Thomsen und aufgeschrieben von Gerd Thomsen, Hamburg 1999.
- Thomas Henning: Schanze, 1980, Hamburg 2011.
- Bernhard Jungwirth: St. Pauli im Wandel in alten und neuen Bildern, Hamburg 1993.
- Horst Königstein: Die Schiller-Oper in Altona. Eine Archäologie der Unterhaltung, Frankfurt / Main 1983.
- Ulf Krüger / Ortwin Pelc: The Hamburg Sound. Beatles, Beat und Große Freiheit, Hamburg 2006.
- Ulf Krüger: Star-Club. Der bekannteste Beat-Club der Welt, Höfen 2010.
- Spencer Leigh: The Beatles in Hamburg. Der Beginn einer Ära, Hamburg 2011.
- Konrad Lorenz: Rohrkrepierer. Eine Jugend auf St. Pauli, Bremen 2011.
- René Martens: Wunder gibt es immer wieder. Die Geschichte des FC St. Pauli, Göttingen 2009.
- René Martens / Günter Zint: St. Pauli. Kiez, Kult, Alltag, Hamburg 2000.
- Barbara Müller-Wesemann: »Die Bummler von Hamburg«. Theater in der Vorstadt St. Pauli im 19. Jahrhundert, in: Inge Stephan / Hans-Gerd Winter (Hg.), »Heil über Dir Hammonia«. Hamburg im 19. Jahrhundert. Kultur, Geschichte, Politik, Hamburg 1992, S. 265–291.
- Christoph Nagel / Michael Pahl: FC St. Pauli. Das Buch. Der Verein und sein Viertel, Hamburg 2009.
- Udo Pini: Zu Gast im alten Hamburg, München 1995.
- Anke Rees: Die Schiller-Oper in Hamburg – Der letzte Zirkusbau des 19. Jahrhunderts in Deutschland, Hamburg 2010.

• Hein Schlüter: Faszination St. Pauli Elbtunnel. Vom technischen Meisterwerk zu Hamburgs einzigartigem Kulturgut, Hamburg 2012.
• Markus Schreiber / Hans Walden: Zeitsprünge Hamburg-St. Pauli, Erfurt 2008.
• Gerd Siebecke: Die Schanze. Galão-Strich oder Widerstandskiez? Streifzug durch ein klammheimliches Klavierviertel, Hamburg 2012.
• Walter Stahl / Dieter Wien: St. Pauli von 7 bis 7, Hamburg 1968.
• Szene Hamburg: Geschichte, St. Pauli von 1833 bis heute, Hamburg 2012.
• Carl Thinius: Damals in St. Pauli. Lust und Freude in der Vorstadt, Hamburg 1975.
• Hans Jürgen Witthöft: Der Alte Elbtunnel. Ein schönes Stück Hamburg – Geschichte und Geschichten, Hamburg 2011.
• Ulrich Wyrwa, Ulrich: Branntewein und »echtes« Bier. Die Trinkkultur der Hamburger Arbeiter im 19. Jahrhundert, Hamburg 1990.
• Günter Zint: Große Freiheit 39. Vom Beat zum Bums, vom »Starclub« zum »Salambo«, München 1987.

Bildnachweis

Einleitung aus: Calendarium Hamburgense 2000
Rundgang 1 aus: 50 Jahre Silbersack (Jubiläumsbroschüre): Abb. 23; aus: Calendarium Hamburgense 2000: Abb. 18; aus: Wilhelm Dreesen: Die Freie und Hansestadt Hamburg und Ihre Umgebung, 1981: Abb. 9; aus: Hamburg und seine Bauten 1929–1953: Abb. 10, 11; aus: Hamburgs Vergangenheit und Gegenwart, 1980: Abb. 6; aus: Wilfried Weinke: Hamburg. Luftbilder von gestern und heute. Eine Gegenüberstellung, 1998: Abb. 7; www.buddelbini.de: Abb. 22; www.filmmuseum-hamburg.de: Abb. 14; www.hamburg-bildarchiv.de: Abb. 12, 15, 17, 19, 25; Bestand Junius Verlag (Postkarte): Abb. 13; Philips: Abb. 26; Staatsarchiv Hamburg: Abb. 1, 2; Bestand Stattreisen Hamburg e.V. (Postkarte): Abb. 20; Jörn Tietgen: Abb. 3, 8, 16, 21, 24, 27, 28; wikimedia.org: Abb. 4, 5
Rundgang 2 aus: Olaf Bartels: Altonaer Architekten. Eine Stadtbaugeschichte in Biographien, 1997: Abb. 6; aus: Chronik Hamburg, 1997: Abb. 14; aus: Hamburgs Vergangenheit und Gegenwart, 1980 (Ergänzungsband): Abb. 16; aus: Alfred Meng; Geschichte der Hamburger Wasserversorgung, 1993: Abb. 8; aus: Rolf Tietgens, Der Hafen, 1939: Abb. 11; bpk / Staatsbibliothek zu Berlin – Preußischer Kulturbesitz: Abb. 12; www.hamburg-bildarchiv.de: Abb. 1, 9; Israelitisches Krankenhaus in Hamburg (www.ik-h.de): Abb. 15; Ulrike Schmidt (taz.de): Abb. 5; stadtteilgeschichten.net: Abb. 13; Jörn Tietgen: Abb. 3, 4, 7, 10; wikimedia.org: Abb. 2
Rundgang 3 aus: Calendarium Hamburgense 2005: Abb. 5; aus: Chronik Hamburg, 1997: Abb. 16; aus: Hamburgs Vergangenheit und Gegenwart, 1980: Abb. 1, 19; aus: Torkild Hinrichsen: Hamburg. Eine Stadt vor 100 Jahren. Bilder und Berichte, 1993: Abb. 2, 9; aus: Bernhard Jungwirth: St. Pauli im Wandel, 1993: Abb. 17; aus: Rolf Müller: Hamburg heute und gestern. Bilder

vom Werden einer Weltstadt, 1984: Abb. 7; aus: Rolf Müller: Zwischen Binnenalster und Baumwall. Das alte Hamburg im Spiegel der Photographie 1855–1888, 1957: Abb. 4; aus: St. Pauli Kirche zu Hamburg 1820 – 1970, 1970: Abb. 13; www.beer-coasters.eu: Abb. 10; no bnq: Abb. 12; Burkhard Schade, lichtschnipsel.de: Abb. 14; stadtteilgeschichten.net: Abb. 3, 20, 21; Jörn Tietgen: Abb. 6, 11, 15, 18, 22; Bestand Jörn Tietgen (Postkarte): Abb. 8

Rundgang 4 aus: Calendarium Hamburgense 2006: Abb. 1; aus: Chronik Hamburg, 1997: Abb. 15; aus: Hamburg Lexikon, 2010: Abb. 2; aus: Hamburgs Vergangenheit und Gegenwart, 1980 (Ergänzungsband): Abb. 3; aus: Illustrierte Zeitung, 1917: Abb. 6; aus: Katharina Marut-Schröter, Jan Schröter: Eimsbüttel im Wandel, 1992: Abb. 5; www.hamburg-bildarchiv.de: Abb. 4, 21; www.pta-aktuell.de: Abb. 7; Quelle nicht zu ermitteln: Abb. 17; Staatsarchiv Hamburg: Abb. 8, 9, 16, 22, 23; www.steinway.de: Abb 20; Jörn Tietgen: Abb. 11, 12, 18, 19, 24; wikimedia.org: Abb. 13, 14; wikipedia.org: Abb. 10

Rundgang 5 aus: Berliner Illustrirte Zeitung, 1926: Abb. 7; aus: Calendarium Hamburgense, 2003: Abb. 15; aus: Chronik Hamburg, 1997: Abb. 10, 13; aus: Uwe-Jens Jansen, Die Eisenbahn in Hamburg, 1999: Abb. 12; www.douglas.de: Abb 19; www.hamburg-bildarchiv.de: Abb. 1; Martyn Leder: Abb. 5, 9, 11, 14, 16, 17; LHA KO/Fotograf unbekannt: Abb. 2; Staatsarchiv Hamburg: Abb. 8; Jörn Tietgen: Abb. 3, 4, 6, 18

Rundgang 6 aus: Calendarium Hamburgense 2003: Abb. 3; aus: Calendarium Hamburgense 2004: Abb. 2; aus: Chronik Hamburg, 1997: Abb. 8, 31; aus: Wilhelm Dreesen: Die Freie und Hansestadt Hamburg und Ihre Umgebung, 1981: Abb. 6; aus: Hamburg und seine Bauten, 1890: Abb. 29; aus: Hamburg. Seinerzeit zur Kaiserzeit, 1962: Abb. 27, 28; aus: Hamburgs Vergangenheit und Gegenwart, 1980: Abb. 30; aus: Dirk Oetzmann: Die Hamburger Schmalspurbahnen, 2010: Abb. 26; www.hamburg-bildarchiv.de: Abb. 9; Hamburgisches Architekturarchiv: Abb. 7; Bestand Junius Verlag (Postkarte): Abb. 18; Martyn Leder: Abb. 10, 13, 17, 22; www.prodatron.net: Abb. 20; Staatsarchiv Hamburg: Abb. 1, 5, 12; Jörn Tietgen: Abb 4, 14, 15, 19, 21; ZVG – Zentralverband Gartenbau e. V.: Abb. 11, 16, 23–25

Personen *Hans Albers, Domenica* und *Erwin Ross*: erwinross.com (aus: Der Rubens von der Reeperbahn, 2011); *Jan Fedder*: www.janfedder.de; *Anna Führing* aus: Carl Thinius: Damals in St. Pauli – Lust und Freude in der Vorstadt, 1975; *Corny Littmann*: Stefan Malzkorn; *Emil Naucke*: wikimedia.org; *Achim Reichel*: Esser & Strauß; *Harry Rosenberg*: Harrys Hamburger Hafenbasar & Museum; *Erna Thomsen*: hamburg-web.de; *Lilo Wanders*: Michael Reh

Exkurse *Theater auf St. Pauli*: www.hamburg-bildarchiv.de; *Geschichte der Kneipen*: Abb. S. 43: aus Torkild Hinrichsen: Hamburg. Eine Stadt vor 100 Jahren. Bilder und Berichte, 1993; Abb. S. 44: www.beer-coasters.eu; *St. Pauli Underground*: aus Torkild Hinrichsen: Hamburg. Eine Stadt vor 100 Jahren. Bilder und Berichte, 1993.